KB261185

불만 합창단

불만합창단

지은이 | 김이혜연 · 곽현지
펴낸이 | 김성실
책임편집 | 손성실
편집기획 | 박남주 · 천경호
마케팅 | 이준경 · 이용석 · 김남숙 · 이유진
편집디자인 | 하람 커뮤니케이션(02-322-5405)
진행도움 | 위성은
제작 | 미르인쇄
종이 | 한림P&P
펴낸곳 | 시대의창
출판등록 | 제10-1756호(1999. 5. 11)

초판 1쇄 인쇄 | 2010년 1월 10일
초판 1쇄 발행 | 2010년 1월 15일

주소 | 121-816 서울시 마포구 동교동 113-81 (4층)
전화 | 편집부 (02) 335-6125, 영업부 (02) 335-6121
팩스 | (02) 325-5607
블로그 | sidaebooks.net
이메일 | sidaebooks@daum.net

ISBN 978-89-5940-171-0 (03300)
책값은 뒤표지에 있습니다

시대의창

불만을 노래하면 소통의 길이 열린다

참 신기합니다. '불만합창'이라는 생소한 소재로 작년에 페스티벌을 연 데 이어 책까지 묶여 나오다니요. 자나깨나 일만 생각하는 리더 밑에서 늘 바쁜 희망제작소 연구원들이 불만합창 페스티벌을 성사시키고 또 이렇게 그 과정을 기록하고 정리했다고 하니 뿌듯하고 자랑스럽습니다.

저는 언제나 새롭고 재미있는 일을 찾아 헤매는 것 같습니다. 뭔가 반짝이는 아이디어가 있는 곳이면 어디든 달려갔고, 어떻게 우리 사회에 적용할까를 고민했습니다. 그렇게 만난 것 중 하나가 불만합창단입니다. 불만합창단은 말 그대로 불만을 노래하는 합창단입니다. 서로 모여 자신의 불만을 얘기하고, 서로의 불만을 듣고, 이를 노래로 만들어 다 함께 부르는 거죠. 불만을 노래하고, 그럼으로써 즐거움과 희망을 전파한다니 멋지지 않습니까? 불만을 꺼내 놓을수록 오히려 신이 나고, 불평불만을 들을수록 힘이 나는 이상한 모임. 그것이 불만합창단입니다.

사실 불만합창단은 희망제작소에서 처음 시작한 것은 아닙니다. 핀란드와 독일 태생의 예술가인 텔레르보 칼라이넨Tellervo Kalleinen과 올리버 코차 칼라이넨Oliver Kochta-Kalleinen 부부가 '불만을 노래해 보면 어떨까?' 하고 시작한 재미난 발상이 놀라운 속도로 유럽에 퍼져 나갔고, 마침내 한국까지 오게 된 것입니다. 지금도 세계 곳곳에서 사람들이 모여 불만을 얘기하고 듣고 노래하고 있습니다. 불만합창단의 창시자인 예술가 부부가 이런 움직임을 '불만합창단 운동movement' 이라고 부르는 것도 이해가 됩니다.

여느 사회와 마찬가지로 우리 사회도 문제가 많습니다. 그러니 불만도 넘쳐나기 마련이죠. 그것을 어떻게 풀 것인가 하는 문제는 우리 사회의 오랜 화두였습니다. '1인 시위'라든가 '촛불시위'같이 새롭고 창의적인 집단불평의 방식이 고안되고 제안된 건 바로 이러한 맥락에서 이해할 수 있습니다. 새롭고 재미난 시민활동은 우리 사회에서 소통과 참여의 공간을 조금씩 넓히고 있습니다.

희망제작소 사회창안센터 연구원이 저와 함께 한 회의에서 '불만합창단'을 한번 해보겠다고 제안했을 때, 저는 '아! 바로 이거다!' 하고 생각했습니다. 창의적이고 평화적이며 유쾌한 방식의 문제 제기와 소통, 가족과 이웃이 웃고 떠들며 신나게 노는 축제 같은 데모와 집회를 꿈꾸고 상상하던 중이었으니까요. 전 불만합창단이 그 답 중 하나가 될 것으로 확신했습니다.

저는 당장 시민사회에 불만합창단을 제안해보라고 역제안을 했습니다. 연구원들은 펄쩍 뛰었습니다. 불만합창단이라는 방식 자체가 새로워 하나를 만드는 것도 힘든데, 어떻게 여러 개를 동시에 만드느냐고 했죠. 우리 시민사회의 성숙함을 생각한다면 저는 열 개가 아니라 백 개의 불만합창단도 가능하다고 믿었습니다. 그런 역량이 우리 시민사회 안에 이미 있다고 생각했기 때문이었습니다.

이 책에도 나오지만 이후 저와 연구원들은 불만합창 페스티벌이 '된다' '안 된다'를 두고 오랜 기 싸움을 벌였습니다. 어쨌든 제가 이겼기에 많은 불만합창단이 참여하는 페스티벌을 열 수 있었겠죠? 하지만 저는 구상을 했을 뿐, 그것을 구체적인 현실로 만든 것은 희망제작소 연구원들이었습니다. 힘들다는 것을 알면서도 기꺼이 저한테 져 준, 그리고 제가 생각했던 것보다 훨씬 멋진 방식으로 이를 현실로 만든 연구원들에게 고마움을 표하고 싶습니다.

2008년 10월, '불만 있어? 그럼 노래해!'라는 도발적인 카피를 앞세운 불만합창 페스티벌이 열렸습니다. 전국에서 만들어진 여덟 개 팀이 힘껏 불만을 노래로 발산했습니다. 봉천동의 소녀들, 장애인 야학생들, 북아현동 주민, 진주에서 올라온 아줌마들, 촛불 누리꾼들, 익산 시민……. 난생 처음 무대 위에 오른 평범한 사람들이 즐겁게 노래하고, 마음껏 소리치고, 신나게 춤췄습니다.

그곳엔 고루한 권위의식도, 정해진 격식도 없었습니다. 못 부르면 못 부르는 대로, 틀리면 틀리는 대로, 어설프면 어설픈 대로 '날 것'의 싱싱함이 살아났지요. 노래를 부르며 해방감을 느꼈고, 억눌렸던 감정이 솟구쳐 나왔습니다. 참 신기한 일이죠. 불만을 노래하니 소통 길이 열렸습니다. 어떤 이는 노래를 끝내고 눈물을 흘리기도 했지요. 그걸 보는 이의 눈시울도 붉어졌습니다. 소리쳐 부르는 노래를 들으면서 속이 뻥 뚫리는 쾌감을 느꼈습니다. 소통 속엔 공감이 있었습니다.

'아, 저 사람도 저런 불만이 있었구나.' '나랑 똑같이 생각했구나.' '아, 저건 내가 미처 몰랐구나.' 같은 불만을 얘기해도 색다르게 다가오고, 다른 불만을 얘기해도 내 불만처럼 여겨지는, 이것이 바로 소통이고 공감이 아닐까요?

사소하고 작은 일상의 불편, 편견과 무지에서 오는 속상함과 억울함. 그것을 견디는 것은 고스란히 개인의 몫입니다. 세상은 큰 얘기엔 귀 기울이지만, 작은 얘기를 듣는 자는 별로 없기 때문입니다. 삶의 애환을 탁 까놓고 털어버리는 난장이자 잔치마당이 바로 불만합창 페스티벌이었습니다.

저는 불만합창단의 생기발랄한 공연을 보면서 우리 사회가 그동안 불만을 억누르는 데 익숙했다는 사실을 새삼 발견했습니다. 지금까지 불만을 표출하는 것은 불순한 행동이었습니다. 갈등을 일으키고 세상을 시끄럽게 하기 때문이죠. 하지만 세상에 '쓸데없는' 갈등이란 없습니다. 이유가 있으니 충돌이 생기고, 충돌이 생겨야 발전적 해소도 있습니다.

《불만합창단》은 2008년 대한민국 희망제작소에서 열린 불만합창 페스티벌의 시작과 끝을 정리한 책입니다. '불만합창'이라는 창조적 시민 활동의 처음 발상과 독일 베를린에서의 생생한 현지 조사, 멋대로 불만합창단 조직 과정, 그리고 페스티벌을 개최하기까지의 전 과정을 생생하게 기록하고 있습니다. 이 책은 또 희망제작소의 곽현지, 김이혜연 두 연구원이 기획, 관리, 조력자로서 시민을 만나고 모임을 조직하고 행사를 기록하는 과정에서 겪은 좌충우돌과 고군분투를 담고 있습니다. 젊은 활동가이자 연구자들이 '소셜 디자이너'로서 시민사회를 어떻게 바라보고 있고, 또 자신의 역할을 어떻게 설명하고 있는지를 엿보는 것만으로도 새로운 시민활동을 고민하는 분들에게 신선한 자극이 될 것입니다.

　사실 이 책의 주인공은 불만합창단에 참여한 단원 한 분 한 분입니다. 전국 곳곳에서 팀을 만들고 불만을 모아 서로의 이야기를 멋진 노래와 춤으로 선보인 분들께 아낌없는 박수를 보냅니다. 공연을 보는 내내 웃고 울고 뭉클했습니다. 그리고 행복했습니다.

　불만합창은 세상을 '뒤집는' 방식이 여러 가지라는 사실을 증명해 보였습니다. 대한민국에서 처음, 그것도 한 번해본 일에 너무 큰 의미를 부여한다고 생각하십니까? 그게 불만이신가요? 그렇다면 그 불만도 한번 노래로 풀어보시죠. 가슴이 시원스레 뚫리도록.

희망제작소 상임이사
박원순

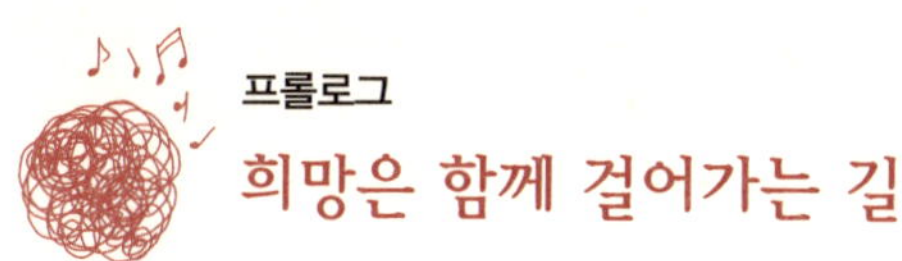

희망은 함께 걸어가는 길

몇 달 전, 어릴 적 살던 옛 동네를 우연히 지나게 되었다. 이곳은 한 때 일곱 살 꼬마에게는 세상 전부였던 곳이었다. 초등학교 후문을 따라 죽 늘어선 좌판도, 온갖 물건이 있던 문구점도, 마을 지도를 그리겠다 며 올랐던 건물도 그대로였다. 기억 속 풍경은 그 자리에 그대로 있었 지만, 나는 매우 당황했다. 마치 내가 소인국을 둘러보는 걸리버와 같 은 존재처럼 느껴졌기 때문이었다. 넓은 대로인 듯 보였던 그 길이 지 금은 자동차 한두 대가 겨우 지나갈 만한 작은 길로 변해 있었다. 사람 몇 명이면 꽉 찰 듯 보이는 분식집이나 손바닥만 한 좌판들은 일곱 살 꼬마가 가늠했던 세상의 크기가 어떠했는지를 보여주고 있었다. 어이 가 없어 웃음이 터져 나왔다. 집으로 돌아와 식사하면서 이 얘기를 꺼 내니, 어머니께서 나지막이 말씀하셨다.

"그 길은 원래 그렇게 작은 길이었어. 어린 네 눈에 크게 보였던 것 뿐이지."

맞다. 커다랗게만 보이던 그 길이, 실은 어디서나 볼 수 있는 평범한 동네 길이었다는 것을 알게 될 만큼의 시간이 이미 훌쩍 지났다. 세상을 향한 호기심에 눈을 반짝이던 일곱 살 꼬마는 어느새 세상만사가 빤하다고 느끼는 어른이 되어 있었다. 고고학자가 되어 미지의 세계를 탐험하고 싶었던 꼬마는 이제 사무실에 앉아 인상을 잔뜩 찌푸린 채, 무언가를 종이에 끼적대며 하루를 보내고 있다. 순수한 아이의 모습은 어디로 가고 약아빠지고 이기적인 인간들을 탓하며 한 잔 술로 삶을 위로하는, 상처 받고 지친 영혼만 남았다. 나온 배와 출근길을 한탄하며 종일 잠잘 수 있는 주말만을 기다리는 건어물 같은 건조함이 삶의 일상이 되어 버린 채 말이다. 어느 순간부터 희망을 말하는 것이 두려워졌는지도 모르겠다. 그래서였을까? 지금 엄청나게 넓고 큰길 앞에 서 있는데도 그 안에 담긴 세상이 좁고 작게만 느껴지니 말이다. 되돌아보면 그리 먼 옛날도 아닌 것 같은데, 넓고도 푸른 꿈으로 가득 차 있던 일곱 살 꼬마의 세상은 까맣게 잊어버린 채.

'불만합창'은 내가 이처럼 세상에 찌들어가던 와중에 접하게 된 프로젝트였다. 처음에는 그저 업무상 해야 하는 일이었지만, 그것이 끝날 무렵에는 내 삶의 쉼표이자 이정표가 되는 프로젝트였다는 것을 알게 되었다. 우리네 삶은 나누고 공유할 때, 보다 행복하고 풍요로워질 수 있다는 것을 실감할 수 있었고 또한 여럿이 함께 마음속의 불만을 노래한다는 것이 얼마나 아름답고 평화로운 일인지도 알게 되었다. 함께 불만을 이야기하고 그것을 노래하는 것은 힘의 근원이자 기쁨을 주는 그 '무엇'이었다. 이런 것이 아마 희망이 아닐까 하는 생각도 들었다.

나는 '희망제작소'라는 곳에서 일하고 있다. 그러니까 희망을 만드는 일이 내 직업인 셈이다. 하지만 역설적이게도 그동안 나는 희망을 만들되, 희망을 믿지 않는 모순에 찬 생활을 하고 있었다. 그러던 어느 날 만난 불만합창은 회의로 가득했던 먼지 낀 내 시야를 닦아주었다. 지금은 희망이라는 것이 무엇인지 어렴풋이 보이는 듯하다. 반짝이는 눈으로 세상을 바라보던 꼬마의 모습도 다시 살아났다.

　새로운 시작이다. 우리 노래가 모든 이를 행복하게 만들 수 있기를, 그래서 다시 희망을 이야기할 수 있게 되기를 바란다.

　불만합창 페스티벌은 많은 분과 함께 만들었다. 사회창안주간행사에 긴급히 투입되어 제일 힘들 때 고생한 완규 씨. 불만합창 페스티벌은 우리 셋이 함께 만든 것이다. 사회창안센터 동료 김이승현, 정재도, 김신형, 이경희. 함께 일한 인턴들. 그리고 희망제작소 동료분께 감사한다. 특별히 희망제작소 상임이사님의 전폭적인 지원과 협박(?)에도.

　불만합창 페스티벌을 불만합창단답게 만들어준 P쌀의 탁현민 대표님과 노 개런티로 사회를 맡아준 개그맨 박준형 님께도 이 지면을 빌려 감사의 뜻을 전한다. 올리버의 따뜻한 조언과 열정은 언제나 큰 힘이 되어주었다. 아주 가끔 "네가 어디서 뭘 하고 다니는지 모르겠다"는 부모님께 부족하나마 이 책으로 대답을 대신할까 한다. 어디서 무엇을 하든 늘 나를 믿고 응원해주는 가족과 친구들에게도 고마운 마음을 전한다.

　우리에게 큰 즐거움을 주고 마음을 벅차게 해주었던 불만합창단원 여러분이 아니었다면, 불만합창단도 이 책도 없었을 것이다. 이분들께 진심으로 깊은 감사의 마음을 전하고 싶다.

희망의 언저리에서
김이혜연

차례

♪ 4부

축제의 막이 오르다

♪ 5부

불만은 계속되어야 한다

 선행학습

주요인물 소개

혜연 : 희망제작소 사회창안센터 연구원. 자칭타칭 '지성과 미모의 소유자'로서 강하고 독립적인 현대여성이 되고 싶은 바람이 있으나 '아가방'으로 보여서 고민이다. 북 치고 장구 치고, 춤추는 것을 좋아한다. 요즘은 '캘리그래피'에 푹 빠져 있다. 얼마 전 소외 여성의 권익향상을 위한 기금마련행사에 첫 작품을 기증하기도 했다. 작품명은 〈마른안주〉와 〈두부김치〉. 다양한 관심사만큼 다재다능한 재주꾼이며, 불만합창 페스티벌의 총기획을 훌륭히(?) 해냈다.

현지 : 희망제작소 뿌리센터 연구원. 술도 잘 못 마시면서 매일 술 마시러 가자고 한다. 급흥분과 급좌절을 반복하다가 짜증이 나면 또 술 마시러 가자고 한다. 자기도 한심한지 이젠 술 끊겠다는 말을 자주 하지만 귀담아듣는 이도, 믿는 이도 없다. 우주생명체에 열정을 느끼고 있으며, 언젠가는 북극에서 개썰매를 타며 살겠다는 바람을 가지고 있다. 정치적으로는 아나키스트, 신념적으로는 불가지론자다. 취미는 혼자 떠들다 전화 끊기.

원순씨 : 희망제작소 설립자. 취미는 '일', 특기는 '일하기'. 타고난 낙관론자로 해야 할 일은 너무 많은데, 동료와 부하직원들에게 번번이 '태클' 걸리는 게 불만이다. 희망의 씨앗을 뿌리는데 주

저함이 없으며 물러섬도 없다. 그의 바람이 영원하길! 그가 즐겨 쓰는 말. "지금 잠이 와요?" "재밌지 않아요?"

 **텔레르보, 올리버 부부 :** 원조 불만합창단 창시자. 핀란드 출신의 비디오 예술가. 어느 날 길을 걷다가 '불만합창'에 대한 아이디어가 떠올랐다고 한다. 최근 세계 각 도시의 불만합창 공연을 담은 작품을 부산 비엔날레에 전시했다. 한잔하고서 노래 부르는 것을 좋아한다. 희망제작소 초청으로 한국에 방문했을 때, 새벽녘 포장마차에서 백세주를 마신 후 그 맛에 홀딱 빠졌다. 백 년 뒤 찾아와 백세주를 다시 마시겠노라는 얘기가 전설처럼 전해져오고 있다.

주요용어 사전

불만합창단 : 불만을 노래하는 사람들의 모임. 휘바휘바~ 핀란드에서 시작되어 전 세계를 순회하다가 희망제작소 레이더에 걸려 한국에 상륙했다. 십인십색, 각양각색의 불만을 제 맘대로 노래하는 불만합창단은 조직하는 사람organizer과 작곡가, 단원들로 구성된다. 물론 반드시 그래야 하는 건 아니어서 그때그때 다른 것이 매력.

희망제작소 : 한국의 미래를 새롭게 디자인하는 상상력 넘치는 민간연구소. 경직된 이론, 탁상공론의 정책이 아니라 생활 속의 경험과 지혜를 정책으로 엮어내는 실사구시 싱크탱크를 지향한다.

제작소스럽다 : '무엇이든지(다)된다주의'와 '남들하는건안한다주의' '남들놀때일하고일할때(가끔)논다주의'를 합한 말. '원순스럽다'란 말과 거의 같은 뜻으로 쓰인다.

사회창안센터 : 시민의 아이디어와 공익적 제안을 모아 꿈을 현실로 만드는 희망제작소 '간판부서'. 시민 사이의 '창조적 소통'을 증진시키고 '창의적인 담론'이 풍부한 사회를 만드는 일에 매진하고 있다. 자동현금입출금기 수수료 사전 공지, 지하철 손잡이 높낮이 조절, 생리 시 수영장 요금 할인, 아이스크림 유통기한 표시 등의 일을 실현했다. 사회창안센터 사람들은 불만을 희망으로 바꾸는 일에 큰 자부심을 느끼고 있다.

뿌리센터 : 지역의 현안과 과제를 연구하는 희망제작소 '핵심부서'. '현장으로'가 신조다. 배낭을 메고, 모자를 눌러쓰고, 한 손에는 카메라를, 다른 한 손에는 지도를 들고 전국을 누비는 것이 일이다. 살기 좋은 마을을 만드는 일, 걷기 좋은 거리를 만드는 일, 옛 모습을 살리고 복원하는 일, 행복한 공동체를 만드는 일, 마을의 경제적 부를 창출하는 일에 대해 주로 고민한다.

소셜 디자이너Social Designer : 《포브스》 선정 21세기 10대 유망 직종에 오를 (예정인?) 신종 직업이다. 원순 씨가 만들었다. 우리 사회를 더욱 멋지고, 아름답고, 유쾌하고, 감동적인 곳으로 만드는 사람들을 지칭한다. 소셜 디자이너가 되려면 열린 정신, 따뜻한 심장, 튼튼한 체력, 그리고 작은 것이 아름답다는 생각을 실천할 수 있는 용기가 필요하다.

박진희 제공

나는 희망한다. 고로 존재한다.

불·만·합·창·단

1부

희망을 만드는 곳,
불만을 제조하다

희망, 우연을 필연으로 바꾸는 동력

"사회창안 국제회의를 준비하라!" 어느 날 원순 씨의 벼락같은 분부가 떨어졌다. "프레스센터 예약이 꽉 차 있던데요." "지금 하는 일이 있어서요." 희망제작소 연구원인 우리는 이 핑계 저 핑계를 대며 어떻게든 뭉개고 있었다. 이유는 단 하나. 지금 사회창안 국제회의를 개최할 만큼 사회창안센터 내부 역량이 준비되지 않았다는 판단 때문이었다. 그렇지만 세상에서 가장 낙관적이고 도전적이며 부지런한 원순 씨에게 이런 변명이 통할 리 없었다. 역량 운운했다가는 어떠한 대답이 들려올지 뻔했다.

"역량이요? 그거야 하면 쌓이는 거죠. 감나무 밑에서 입 벌리고 있다고 감이 떨어져요? 감나무에도 오르고, 막대기로도 흔들고 그래야 감을 딸 수 있죠." 직접 감나무를 흔들고 뛰어오르는 '액션'까지 우리 앞에서 보여줄 원순 씨였다. 그래도 어쩌랴……. 지금은 도저히 안 되는 것을. 원순 씨보다 100배는 여유롭고 1000배는 느긋한 우리는 오래지 않아 국제회의 임무를 완수해야 한다는 사실을 잊었다. 딱 한 사람 예외가 있었으니, 그가 바로 원순 씨였다.

2007년 가을. 전前 팀장을 필두로 집단 '뭉개기 체제'에 들어가 이젠 뭘 뭉개고 있는지조차 모르던 한가한 오후였다. 조용하던 희망제작소 모든 부서에 '특급 임무'가 떨어졌다. 각 부서가 준비하는 모든 세미나, 포럼, 회의를 '희망모울'이라는 이름으로 네트워킹하라는 것이었다. 전 부서는 현재 개최하고 있거나 혹은 2008년에 개최할 정기·비정기 세미나, 포럼, 회의에 대한 기획안을 시급히 만들어야 했다. 워낙 다급히 처리해야 할 일이어서 미루고 어쩌고 할 수 있는 여지가 전혀 없었다. 사회창안센터의 '희망모울'을 담당하겠다며 호언장담하던 전 팀장님은 회의시간이 다가오자 밀린 일정으로 도저히 시간을 낼 수 없다며 나더러 이 회의에 들어가 달라고 부탁했다. 어찌나 미안한 표정을 짓는지 거절하지 못하고 대타로 회의에 참석했다. 준비한 게 없다 보니 꾸지람만 잔뜩 듣고 나왔다. 그런데 그만 얼굴도장을 찍는 바람에 '희망모울'은 그날부터 내 업무가 되어버렸다. 대타였기에 한없이 억울했지만, 한편으로는 보란 듯이 멋진 기획안을 들고 가야겠다는 나름의 오기가 생겼다.

'사회창안'이라는 키워드로 어떤 의제를 만들 수 있을까? 이 주제로 국내외에 어떤 흐름이 있었지? 그것이 갖는 '혁신적' 특징을 어떻게 풀어낼 수 있을까? 여러 날을 고민하며 인터넷을 뒤적이다가 '불만합창단'을 소개한 사이트를 발견했다. 불만합창이라니? 이게 도대체 뭘까? 옆에서 컴퓨터 화면을 보던 기연♪이 재밌다면서 킬킬댔다. 나는 얼른 링크를 타고 들어가 봤다.

인터넷 사이트에는 장례식에 갈 때나 입을 법한 검정색 옷을 입은 사

♪　사회창안센터 전 연구원. 대안센터 국제팀에서 일하다가 지금은 잠시 휴식 중이다.

람 여럿이 서 있었다. 그들의 표정은 우울하기 짝이 없었지만, 왠지 굉장히 장난스런 생각을 숨기고 있는 아이들처럼 웃음을 겨우겨우 참고 있는 듯했다. 표정을 자세히 살피자 뭔가 애도하는 복장을 한 우중충한 모습이 어딘지 재미있게 보였다. 7~8줄로 된 짧은 설명을 천천히 읽어 내려갔다. 그때서야 우중충함 사이에 스며 있는, 진지해보이면서도 엉뚱하기 짝이 없는 모습이 이해 되었다. 아하! 저것이 바로 불만합창단이구나!

불만합창단을 알게 된 순간, 뭔가 느낌이 팍 왔다. 세상에 어떻게 이런 게 있을 수 있나 하는 약간의 질투와 경외감마저 들었다. 그 기발함과 역설. 즐거운 상상력. 어느새 나는 열심히 불만합창단 동영상을 찾아보고 있었다. 그런데 이게 웬일인가! 이역만리 떨어진 곳에 사는 사람들이 품은 불만이 하나같이 다 공감이 되는 게 아닌가? 사회복지의 천국, '아마 지상낙원이 있다면 저곳일 거야' 하고 생각했던 나라에 사는 사람들의 불만은 평소 내가 가진 것과 크게 다르지 않았다. 불만합창단원들은 출근길에 오지 않는 버스, 냄새나는 지하철, 남자들보다 적은 여자들의 월급에 대해 불만을 노래했다. 또한 비싼 맥주 값에 원성을 높이고, 어디에 쓰이는지 모르는 내 세금을, 내 돈을 돌려줘, 이건 불공평해 하고 노래하고 있었다.

동영상을 가만히 보다가 눈물이 핑 돌았다. 불만합창을 끝내고 나서 눈물을 찍어내며 서로 꼭 안아주는 사람들의 모습을 보며 나는 그만 엉엉 울어버렸다. '아, 이들도 힘들구나. 이들도 나와 같은 고민을 하고 있구나. 우리는 동시대인이구나.' 하는 묘한 연대감마저 싹트는 순간이었다. 복지의 천국이라는 북유럽 국가에도 구질구질한 일상, 비루한 나날이 계속되고 있다니. 하지만 그런 일상의 불만과 불평을 활짝 웃으며 즐겁게 노래하며 한바탕 잔치로 엮어내는 그들의 모습은 어느새 삶에 지친 나를 위로하고 있었다.

누군가 내 옆에 앉아 하루도 거르지 않고 비싼 물가에 대해 얘기하고, 출근길 2호선 지하철과 까칠한 상사에 대해 불평했더라면 그만 좀 하라며 버럭 화를 냈을지도 모른다. 그런데 웬만하면 듣고 싶지 않고, 피하고 싶은 불평, 불만을 내가 일부러 찾아서 듣고 있다니 정말 신기했다. 어떻게 불만이 이토록 아름다운 가사가 될 수 있는 걸까! 불만을 노래하니 사람들이 웃는다. 내가 가진 불만과 별반 다르지 않은 그들의 불만을 듣고 있자니 어느새 내가 저 합창단의 일원인 양 느껴진다. 별 것 아닌 불만들을 저렇게 열심히 목이 터지도록 노래하는 모습을 보고 있자니 가슴이 먹먹해지고 눈물이 났다. 10편이 넘는 각 도시 불만합창단의 공연 영상을 다 보고 나니 마음이 후련해졌다. 불평과 불만의 놀라운 화학적 변화를 체험한 순간이었다. 그래, 바로 이거야! 우리도 이걸 한번 해보자. 쿵쾅쿵쾅! 가슴이 뛰기 시작했다.

불만합창 프로젝트는 이렇게 시작되었다. 순전히 대타로 들어간 회의에서 단단히 꾸중을 들은 게 억울해서 뭐라도 준비하려는 때에 우연히 불만합창단을 알게 된 것이다. 기가 막히는 경험이지만, 돌이켜보면 언제나 우리 인생은 작은 우연이 모여 어떤 필연을 만들어온 게 아닐까 하는 생각도 든다. 물론 우연이 바로 필연이 되는 것은 결코 아니다. 작은 가능성을 발견해 키워나가고, 위험을 감수하고 모험을 감행할 때라야 작은 점처럼 흩어져 있던 우연이 필연으로 연결된다. 우연을 필연으로 바꾸는 작업, 그것의 동력은 어쩌면 희망을 믿는 지독한 낙관주의일지도 모르겠다. 대책 없는 낙관주의와 근거 없는 희망으로 움직이는 곳. 여기가 나의 일터, 희망제작소다.

온나라 문제 연구소와 원순 씨

'도대체 희망제작소가 뭐야?' 하고 아직 감이 오지 않는 분들을 위해 좀 더 소개하겠다. 희망제작소는 원순 씨가 설립한 민간 싱크탱크 Think Thank이자 온갖 돈 안 되는 문제들의 해답을 연구하고 남들이 하지 않는 기발한 생각을 현실로 만드는 사람들이 모인 곳이다. 희망제작소는 쉴 새 없이 아이디어를 창출하고 끊임없이 연구하면서 다방면에서 사업화를 시도한다. '여러 가지 문제 연구소' '온나라 문제 연구소'라는 별칭이 있을 정도로 다양한 영역을 포괄하는 연구 덕분에 언제나 수십 가지 프로젝트가 한 시공간 안에서 진행되며 그만큼 여러 층위의 논의가 오고 간다.

희망제작소를 제대로 이해하기 위해서는 상임이사인 원순 씨를 알아야 한다. 그는 사람 좋아 보이는 인상에 소탈한 웃음, 겸손한 성격에 출중한 능력까지 갖춘 우리 시대의 존경받는 리더이자 시민사회의 상징과도 같은 분이다. 인권변호사 시절부터 참여연대 사무처장을 거쳐 아름다운재단, 아름다운가게, 그리고 희망제작소에 이르기까지 늘 한 발 앞선 시각으로 시민활동의 새로운 가치와 방법론을 전파해온 장본인이기도 하다. 정부 지원 없이 시민의 힘만으로도 시민단체가 존립할 수 있다는 것을 보여준 최초의 인물이자, 1인 시위라는 위트 넘치는 운동을 고안하는가 하면, 아름다운재단과 아름다운가게의 성공에서 볼 수 있듯 '기부와 나눔'의 문화가 한국사회에서도 충분히 작동할 수 있음을 입증하기도 했다.

물론 이 정도로 만족할 원순 씨가 아니었다. 그는 우리 사회에 필요한 것은 거대담론에 치우친 대안 없는 투쟁이 아니라 지역과 현장 중심의 창의적이며 실사구시적인 방법이어야 한다는 믿음을 갖고 있었다. 그 때문에 원순 씨는 스스로를 '소셜 디자이너'라 칭하며 희망제작소를

[소셜 디자이너]
희망제작소 박원순 상임이사

설립했다. 현재 희망제작소에는 각계각층에서 모인 100여 명의 소셜 디자이너들이 일하고 있다. 언제나 그랬듯 그의 믿음이 많은 사람의 공감을 이끌어낸 것이다.

365일 금금금

이쯤이면 다들 눈치챘겠지만, 희망제작소는 이른바 '원순 씨 스타일'의 조직이다. 그것은 앞에서 소개한 것처럼 쉴 새 없이 아이디어를 창출하고 끊임없이 연구하면서 다방면에서 사업화를 시도하는 것을 의미한다. 다양한 영역을 포괄하는 연구 주제 덕분에 희망제작소에서는 수십 가지 프로젝트가 그야말로 동시다발적으로 벌어진다. 예전에 서울대학교 수의학과 연구원들이 '월화수목금금금'이란 말을 해서 이 말이 힘든 조직의 업무를 지칭하는 대명사가 되었는데, 희망제작소의 일이 딱 그렇다. 아니, 오히려 '365일 금금금'이란 말이 더 어울릴 정도로 희망제작소의 불은 일 년 내내 꺼지지 않는다. 명절 휴일에도 누군가는 나와 이곳을 지키고 있으니 말이다.

희망제작소 대표 연구원, 원순 씨는 참 놀라운 사람이다. 이 분은 도무지 잠이란 걸 모르는 것 같다. 언제나 새벽까지 뭔가에 몰두해 있고, 졸음이 쏟아지면 바닥에 침낭을 깔고 잠깐 눈을 붙였다 일어나 또 일을 만든다. 주말도 없고, 휴일도 없고, 명절도 없다. 오로지 일에 몰두하는 정말이지 최고(?)의 리더다. 원순 씨는 술을 못하기 때문에 일찍 퇴근을 한다거나 숙취로 늦는 일도 없다. 리더가 이러니 조직도 자연스럽게 분위기를 탄다. 일요일에 출근하는 것쯤이야 이야깃거리도 안 되고, 몇 달씩 지역에 머물러 있어도 '그럴 수 있지.' 하는 분위기니 말 다했지 않은가!

'과로사가 꿈'이라는 어처구니없는 생각을 품고 있는 리더가 있다고 해서 희망제작소를 피도 눈물도 없이 연구원들을 '굴리는' 조직이라고 생각한다면, 그건 오산이다. 희망제작소의 공식 휴일을 보면, 아마 대한민국 직장 중 가장 많은 축에 속할 것이다. 기본적으로 주 5일 근무에 연·월차는 물론이고 보건 휴가와 1년간의 육아휴직이 보장되어 있으며, 여름휴가도 연차와는 별도로 규정되어 있다. 게다가 휴일을 사이에 둔 '샌드위치 데이'는 무조건 쉰다는 원칙을 가지고 있다. 하나의 프로젝트가 끝나면 하루 이틀 정도 쉬는 관례도 있고, 출퇴근 시간도 비교적 자유로운 편이며, 근무시간이라도 필요하면 언제든 외출을 할 수 있다. 심지어 '팀원이 정해진 휴일을 다 쓰지 않았을 경우에는 쓰지 않은 휴일만큼 팀장이 돈을 낸다'라는 규칙까지 있다. 이쯤 되면 유럽의 조직문화가 부럽지 않을 판이다. 결국 '일할 땐 빡세게, 놀 땐 확실히'라는 정신이 이것을 가능하게 만드는데, 문제는 처리해야 할 일이 휴일을 충분히 누릴 만큼 호락호락하지 않다는 점이다. '충분한 휴식을 제공할 테니, 네가 할 일은 알아서 해라'랄까.

이유야 어찌됐든 희망제작소 연구원들은 각자 편한 대로 일을 하는 편이다. 새벽 6시에 나와서 일을 시작하는 사람이 있는가 하면, 매일 야근을 하는 사람도 있고, 평소 쉴 것 다 쉬다가 연휴나 명절에 나와서 일하는 사람도 있다. 물론 정시 출근해서 정시 퇴근하는 사람도 있다. 일의 양도 양이지만, 다들 제 상황에 맞춰 일을 하다 보니 희망제작소의 불이 1년 내내 꺼지지 않는 것이다. 언젠가 원순 씨는 "시민 여러분! 불이 꺼지지 않는 희망제작소를 보십시오." 하고 글을 쓴 적도 있지만, 불이 꺼지지 않는 것처럼 보이는 이유에는 사실 이런 비밀(?)이 있었던 것이다.

모든 일의 바탕은 냉소하지 않기

분주하고 정신없지만 융통성과 자유로움이 있는 곳, 희망제작소의 연구원으로 살아가는 데 필요한 것은 무엇일까? 무엇보다도 창의적이고 긍정적인 마음이 중요하다. 회의적이거나 냉소적이면 이 조직에서 살아남기 어렵다. '망해도 크게 망해야 한다'는 생각을 가진 원순 씨는 '실패로부터 배운다'는 생각을 '제대로' 실천하는 사람이다. 그는 무엇이든 일단 시작을 해야 그 동력으로 내용도 채울 수 있고, 운영할 자금도 따라온다는 믿음을 가지고 있다. 생각만 백날 해봐야 아무 소용이 없다는 그의 믿음은 사실 외부보다는 내부, 즉 희망제작소 연구원들에게서 제재를 많이 받는 편이다.

희망제작소의 가장 큰 갈등 구도라면 이른바 '된다 대 안 된다'가 아닐까. 원순 씨의 구상과 계획이 장대하게 펼쳐지면 이를 제어하려는 소장단과 실무진의 기 싸움과 갑론을박이 시작된다. '안 된다'는 이유를 들어 원순 씨를 설득하는 데 많은 시간과 애를 쓰느라 진이 빠지는 때도 있고, 실망과 불만이 쌓이는 때도 있다. 하지만 이런 과정 가운데서도, '한번 해보자'라는 정신은 계속 이어진다. 그래서인지 희망제작소는 서로의 이야기를 존중하는 좋은 문화가 있다.

타고난 긍정주의자 원순 씨도 본인의 아이디어가 지나치게 걸러지거나 갑론을박이 길어지면 힘들어할 때가 있다. 그렇다고 아랫사람이 의견을 말하지 못하게 한다거나 듣지 않는다거나 하는 일은 없다. 서로 생각을 충분히 공유하는 것은 희망제작소에서 제일 중요한 원칙이다. 좀 더 정확히 표현하자면, 그 어떤 생각이나 제안도 '냉소'하지 않는다는 점이다. '네가 하는 게 그렇지'라던가 '네가 해봤자 그거지' 식의 나무람이나 질책이 없다. 일부에서는 희망제작소의 조직문화를 두고 의사결정 과정이 늦고 비효율적이라고 말하기도 하지만, 그건 맞기도 하고 틀리기도 한 지적이다. 분명한 것은 희망제작소는 이런 열린 문화를 동력으로 하여 일을 진행한다는 점이다.

희망제작소에서 일하게 되면 누구나 한 번쯤 하는 질문이 있다. '과연 내가 하는 일은 무엇이며 무엇을 해낼 수 있을까'라는 물음이다. 느닷없이 프로젝트가 떨어지기도 하고, 어느 순간 아무 일도 없었던 것처럼 조용해지기도 하고, 진보적이고 이상적인 담론이 오가는가 하면, 때론 보수적이면서 진부한 이야기도 오가는 조직. 산만하고 어수선함을 감수하면서까지 할 수 있는 한 다양한 의견을 수용하려 애를 쓰는, 지극히 냉소를 경계하는 조직에서 내가 할 수 있는 일이란 무엇일까에 대한 고민이 그것이다.

이것은 연구원 혹은 소셜 디자이너로서 우리 자신과 희망제작소의 정체성에 대한 물음이기도 하다. 언젠가 모두 머리를 맞대고, 희망제작소의 정체성에 대해 심각하게 토론해본 적도 있었다. 전담반까지 구성하면서 한 달여의 고심 끝에 내린 결론은 '알 수 없다'였다. '희망제작소는 기존 우리 사회에 나타났던 그 어떤 조직의 틀로도 설명할 수 없다'라는 결론은 맥 빠진 것이었지만, 가장 현실적인 답이기도 했다. 그저 이곳에서 진행하는 연구와 프로젝트들이 우리 자신을 규정하는 것이고, 앞으로 나가는 지향점이 되리라는 것으로 정체성에 대한 정의를 갈무리했다.

'불만합창 프로젝트'는 역설적이게도 희망제작소가 바로 이런 조직이기 때문에 가능했다. 지극히 제작소답게도 한 연구원이 인터넷 서핑을 하다 우연히 '불만합창단'에 주목했다. 다른 조직이라면 잘해봐야 '그거 재밌네, 특이하네!' 정도로 넘어갔을 사소한 이야깃거리가 이곳에서는 누구 하나 냉소하지 않은 덕분에 회의에 공식적으로 제안될 수 있었다. 여기에 원순 씨의 이른바 '재밌지않아요?' 정신과 '된다주의', 그리고 '남들하는건안한다주의'가 결합해 전 세계 그 어느 나라도 시도하지 못했던 '전국 규모'의 '다 계층 참가'를 유도하는 불만합창단이 구상되었던 것이다. 멀고 먼 북쪽 나라 핀란드에서 시작한 불만합창단이 지구를 돌고 돌아 '불만합창 페스티벌'로 확장되는 순간이었다.

불만합창 페스티벌을 하기로 결정한 이상, 책임지고 프로젝트를 진행할 담당자를 정해야 했다. 우선 '불만합창 페스티벌' 행사가 속한 사회창안주간을 관장하는 사회창안센터 연구원인 내가 맡겠다고 했다. 불만합창단이 가진 여러 의미 중에서 하필이면 '주민참여'라는 특성에 주목한 원순 씨가 뿌리센터 주민참여클리닉도 이 프로젝트에 적극적으로 참여해야 한다고 강조한 덕에 그쪽 담당 연구원인 현지 또한 참여하게 되었다.

현지 생각 : 이제야 하는 말이지만, 난 모든 일에 삐딱한 인간이기 때문에 불만합창단에 대해서도 지극히 회의적이었다. 준비된 것이라고는 인터넷 동영상밖에 없고, 확보한 자금도 없는데 꿈은 커서 전국적으로 불만합창단을 조직하라니 첩첩산중에 떨어진 기분이었다. 도대체 어떻게 만들어가야 할지 감도 안 잡히고 딱히 내가 참여해야 할 명분도 없어 보였기 때문에, 어떻게 좀 빠져나가 볼까 하는 생각을 하고 있었다. 그러던 어느 날, 영국 글래스고에서 열리는 국제회의에 원순 씨와 함께 다녀오라는 얘기가 나왔다. 원순 씨와 해외연수를 다녀온 연구원들이 입을 모아 '철의 레이스'에 대해 풀어놓은 가공할 경험담을 수도

없이 들어온 터라, 어떻게 해서든 그 출장 건만은 피해야 했다. 그런데 혜연이 (글래스고 출장 일정과 비슷한 시기에) 사회창안주간에 참가할 이들을 직접 초대하고 베를린의 불만합창단 설명회에 참석하는 목적으로 베를린-런던 출장을 함께 가자고 말하는 순간, (이게 웬 그럴듯한 명분인가 하는 생각에) 내가 이 프로젝트에 참여해야 하는 천만 가지 이유가 생각났다. 적극적으로 나서서 런던에 간 김에 글래스고까지 가서 선진 주민참여기법을 공부해오겠다고 말하기까지 하고 출장 건을 허락받았다. 불만합창프로젝트에 참여하게 된 배경에는 사실 이런 '불성실한' 이유가 있었다. ^^;;

일선에서 일하는 실무자의 입장에선 치밀한 구상과 현실적인 계획을 세워 동원 가능한 자원과 수익 및 지출을 검토하고 앞으로 발생할 상황에 충분히 대비하고서 프로젝트를 시작하는 '정석'다운 방법을 선호하기 마련이다. 하지만 막상 학교에서 배운 '경영의 합리화'를 시민사회를 상대하는 비영리기관에서 실현하기란 얼마나 어려운 일인가! 자원은 언제나 빈약하고 상황은 예기치 못하게 수시로 변하며, 대중의 마음은 돌아서기 일쑤다. 현실이 이러하니 '불만합창 페스티벌'은 하면 될 것이라는 믿음과 서로 믿는 신뢰에서 시작할 수밖에 없었다. 이쪽 세계(?)에 발을 들여놓은 햇병아리 시절에는 이런 '믿음과 신뢰'에 기반을 둔 사업은 아마추어적이라고 생각했다. '전문성을 결여한 채 떼쓰기에만 익숙한 시민사회진영'이라는 일부의 비판도 바로 이런 맥락에서 나오는 것으로 생각했다. 그러나 이제 조금은 알 것도 같다. 프로의 방식이란 충분한 자원과 치밀함에서 나오는 것이 아니라 안 되는 것을 되게 하는 것, 어렵겠지만 한번 해보자는 도전 정신에 있다는 것을 말이다. 우리는 앞으로도 이 우직한 정신에 대한 흔들림 없는 확신이 우리를 앞으로 나가게 할 동력이라고 믿는다.

소셜 디자이너란?

희망제작소가 뭐하는 곳이냐는 물음만큼이나 많이 듣는 얘기가 '소셜 디자이너social designer'가 무엇이냐는 질문이다. 이래저래 설명을 해 보지만, 질문하는 사람도 답하는 사람도 미지의 세계를 탐험하는 것 같은 기분이 드는 건 어쩔 수 없다. 희망제작소에 입사한지 3년이나 되는 이 시점에도 우리 엄마는 남들에게 당신 딸이 무엇을 하고 다니는지에 대해 설명하는 것을 어려워하시니, 대략 난감이랄까.

원순 씨가 소셜 디자이너라는 단어가 새겨진 명함을 팠을 때, 사람들은 '이 양반이 또 뭔가 재밌는 일을 벌이려나 보구나'라고만 생각했지, 소셜 디자이너가 사회적 의미를 가진 정체(?)가 분명한 직업이라고는 생각하지 않았을 것이다. 흔히 디자이너라고 하면 패션이나 인테리어 같은 분야에 종사하면서 특정한 재능이나 기술, 감성을 가진 예술가들을 생각하기 마련이니까. 그런데 재미난 일이 일어났다. 한국디자인진흥원이 '소셜 디자이너' 원순 씨를 디자인 홍보대사로 위촉한 것이다.

[원순 씨의 명함]

시민대상 교육프로그램인 희망제작소 소셜디자이너스쿨SDS·Social Designers' School은 매번 마감이 될 정도로 인기가 대단했고, 또 얼마 전 '소셜 디자이너, 새로운 사회혁신을 실험하다'란 이름으로 열린 '소셜 디자이너 한일 워크숍'에는 그야말로 십인십색의 사람들이 청중으로 참여했다. 이렇게 생각해 보니 지난 4년간 희망제작소의 행보는 '소셜 디자이너'가 사회적 의미를 가지도록 만들어가는 과정이 아니었나 싶기도 하다.

과거 사회는 영역의 구분이 확실했다. 기업은 기업의 일을, 정부는 정부의 일만 하면 되었다. 하지만 오늘에 이르러 각 영역 간의 경계는 날로 희미해지고 있다. 개념과 개념, 사업과 사업이 융합을 하며 새로운 의미와 가치, 관계를 만들어내는 이른바 '통합과 통섭'의 시대가 열린 것이다. 이전보다 훨씬 다양하고 복잡한 사회 문제와 갈등이 동시다발적으로 일어나는 이 예측불가능의 시대는 통합적이고 통섭적인 접근과 대처를 요구한다. 특정 분야의 전문가 혼자 사회적 과제를 고민하고 해결하는 방법론이 이제는 유효하지 않으며 가능하지도 않은 세상이 온 것이다.

새로운 세상은 바로 이런 시대적 변화를 인식하는 것에서 출발한다. 다름을 넘어 이음으로, 경계를 넘어 융합으로 가는 세상을 명료하게 통찰하면서, 각 분야의 협력과 파트너십을 통해 새롭고 창의적인 방법으로 사회의 공익과 공공선을 창출해나가는 모델과 그리고 이를 촉진하면서 함께 대안을 창출해나가는 것을 업으로 하는 사람들. 그런 맥락에서 이런 고민을 좀 더 많이, 좀 더 오래 하는 곳이 희망제작소이고, 또 더 좋은 세상을 위해 사회를 디자인하면서, 창조적인 활동을 하는 사람

들을 일컫는 의미로 소셜 디자이너란 말을 사용한 것이다.

소셜 디자이너라는 직업을 창조한 원순 씨는 이런 개념을 생각한 자신이 뿌듯했는지, 이것이 세계 최초임을 강조하면서 소셜 디자인의 가치와 의미를 전파하고 다녔다. 그러던 중에 일본의 나카무라 요이치中忖陽一 교수를 만나게 되었는데, 그가 1990년대부터 소셜 디자인을 생각해왔으며 심지어 그가 재직 중인 릿쿄대학은 사회디자인학과와 사회디자인 연구소에서 소셜 디자이너들을 육성하고 있다는 사실도 알게 되었다. (원순 씨의 구상이 세계 최초가 아닌 게 밝혀지는 순간이었다!) 그뿐 아니라 희망제작소가 4년여 동안 이런저런 활동을 전개하면서 알게 된 사실들은 소셜 디자인과 사회혁신에 대해 고민하고 있는 그룹이 세계 곳곳에 포진하고 있으며, 이제 발아 단계를 넘어 네트워크를 맺고 보다 큰 움직임으로 확산하는 시점에 와 있다는 것이다. 중요한 것은 누가 먼저 소셜 디자이너란 개념을 생각해냈느냐가 아니라, 그런 생각과 뜻을 함께 하는 사람이 많이 존재하고 있으며 점점 더 늘어가고 있고, 그것이 세계적 흐름이라는 것이다.

뜻을 함께 하는 친구가 많아진다는 것은 좋은 일이다. 보다 좋은 사회를 만들려면 여러 분야를 자유롭게 넘나들며 활력과 영감을 주는 사람들이 지구상에 많아져야 한다. 그게 '소셜 디자이너'로 불리든, '사회혁신가'로 불리든, '시민 활동가'로 일컬어지든 관계없다고 생각한다. 중요한 것은 이 새롭고도 혁신적인 움직임이 어떻게 사회적 신뢰를 획득할 것인가, 보다 활발한 움직임을 촉진하기 위한 플랫폼은 어떻게 구축할 것인가, 그리고 이들을 묶는 네트워크를 어떻게 가능하게 할 것인가라는 점이 우리가 풀어내야 할 과제라고 할 수 있다.

　　이를 위해 무엇보다 먼저 해결해야 할 게 있다. '소셜 디자이너'에 대한 이해와 접근성을 만들어내는 일이다. 희망제작소를 후원하고 지지해주시는 분들의 다수는 희망제작소를 정의할 때 '좋은 일'을 하는 곳이라고 말씀하신다(우리를 좋은 일하는 사람들이라고 생각해주시니 정말 감사할 따름이다). 하지만 한편으로는 희망제작소의 의미와 여기서 벌이는 사업을 사람들이 쉽고 정확하게 이해할 수 있는 용어를 만들고, 보편적 접근을 위한 방법들을 고안하는 일에 많은 노력을 기울여야 한다고 생각한다. 그런 차원에서 우선은 '소셜 디자이너'를 더 좋은 사회를 만들기 위해, 보다 좋은 생각을 하려고 노력하고 고민하는 사람이라고 해두었으면 한다. 이렇게 생각한다면 누구라도 소셜 디자이너가 될 수 있다. 소셜 디자이너 되기, 참 쉽지 않은가?

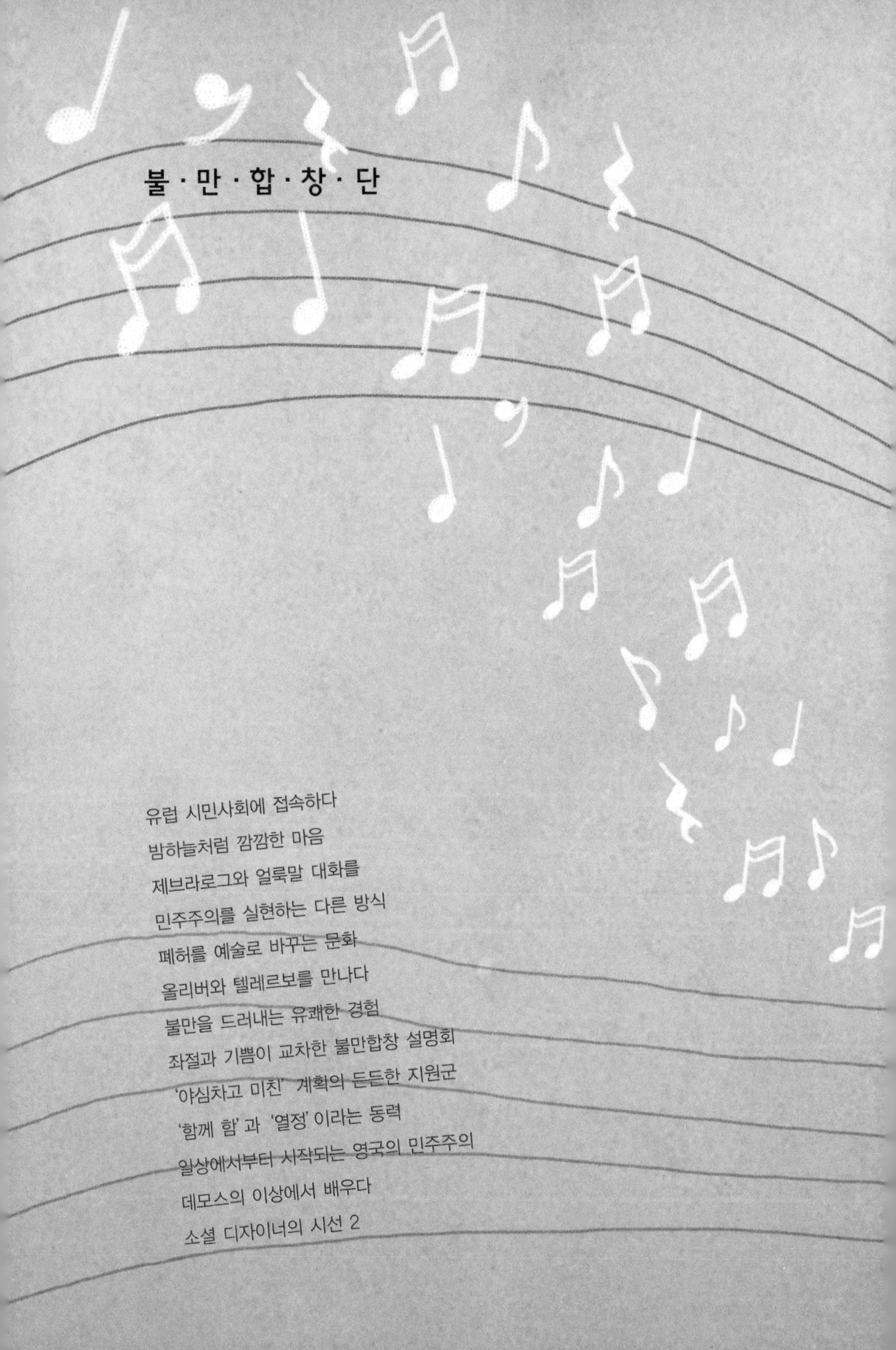

불·만·합·창·단

2부

그들의 불만

그리고 우리의 불만

유럽 시민사회에 접속하다

불만합창단을 맡겠다고 큰소리는 쳤지만, 그때까지 내가 불만합창단에 대해 알고 있던 사실은 불만합창단 홈페이지에서 번역한 약 40페이지의 자료가 전부였다. 그것은 불만합창단에 관심이 있는 사람들을 위한 기본적인 안내서로, 대략적인 설명과 세계 각 도시에 조직된 불만합창단을 소개하고 조직하는 과정에 대한 내용이 담겨 있는 정도였다. 비교적 자세히 설명되어 있긴 했지만, 처음 시도해 보는 사람에게는 막연한 이론으로 느껴질 뿐이었다. 설명대로 따라 한다고 해서 '불만합창단'이 만들어진다는 보장은 어디에도 없었다. 뭔가 될 것 같고 쉽게 만들 수 있을 것만 같던 처음의 호기가 걱정과 불안으로 바뀌고 있었다.

"4월 12일에 베를린에서 불만합창단 설명회가 있다고 하는데, 다녀오지 않겠어요? 텔레르보와 올리버가 직접 설명회를 한다는데?" 뭘 어떻게 해야 할지 몰라 이런저런 핑계를 대며 망설이던 차에 신형♪ 선생

♪ 희망제작소 사회창안센터 전 전문위원

님이 유럽에 다녀올 것을 권유했다. 직접 보고 오면 다시 용기를 얻을
수 있을 거란 판단이었다. 결과적으로 신형 선생님의 조언은 매우 적절
했다. 텔레르보와 올리버와의 만남은 우리의 계획에 확신을 심어주었
기 때문이다. 유럽출장은 그간의 구상이 실제로 어떻게 진행될지 직접
눈으로 보고 가늠할 좋은 기회가 되었다.

　결재가 떨어지자 우리는 서둘러 출장 준비를 시작했다. 출장의 제일
큰 목적이야 불만합창단을 체험하러 가는 것이었지만, 유럽 시민사회
를 체험할 수 있는 흔치 않은 기회이니만큼 불만합창 이외에도 가능하
면 많은 것을 배우고 오겠다고 다짐했다. 불만합창 프로젝트는 사회창
안센터와 뿌리센터 주민참여클리닉이 동시에 진행하는 사업이어서 출
장 계획을 세울 때 양 부서의 교집합에 해당되는 사업과 인물들을 찾는
것이 중요했다. 우리는 '시민사회의 참여와 소통을 증진하는 방법'이라
는 합의점을 찾고, 만나야 할 사람들을 부지런히 추가했다. 제브라로그
Zebralog는 이렇게 찾아낸 단체 중의 하나였다.

　희망제작소만큼이나 특이한 ― '얼룩말 대화'라는 뜻을 지닌 ― 제
브라로그를 방문하게 된 사연은 이렇다. 그동안 희망제작소 주민참여
클리닉은 주민참여형 도시 비전을 만들어 낸 모범적 사례로서 '함부르
크 데모스 프로젝트♪'에 주목해왔고, 담당자와 만나게 되기를 고대해

♪　데모스는 런던에 본거지를 둔 영국의 진보적 싱크탱크. '함부르크 데모스 프로젝트'란 쇠락
　한 항구도시 함부르크의 발전을 위해 시민의 지혜를 모으는 프로젝트였다. 경기는 살아날
기미가 보이지 않고, 인구는 계속 감소하는 난감한 상황에 처한 함부르크 시는 악순환을 극복하고
매력적인 도시를 만드는 방편으로 시민의 아이디어를 수렴하기로 했고, 이를 위한 온라인 플랫폼을
개발했다. '30년 후 함부르크의 미래는 어떤 것이어야 하는가'를 주제로 시민의 생생한 아이디어를
모은 함부르크 시는 전문가위원회의 깊이 있는 토론과 시민배심원단의 최종 선택을 거쳐 10개의 아

왔다. 프로젝트에 깊이 관여한 사람을 찾아 현재 일하는 곳의 주소를 검색하면서 그중 한 사람이 베를린에 있는 '제브라로그'라는 곳에서 일하고 있다는 사실을 알아낼 수 있었다. 들뜬 마음으로 메일을 보냈는데, 다행스럽게도 환영한다는 답신을 받을 수 있었다.

유럽 출장에 앞서 제브라로그 웹페이지♪♪를 둘러보니, 베를린 시를 비롯하여 독일 사회의 정책형성 과정에 시민이 참여할 수 있는 다양한 방법을 개발해 진행하고 있었다. 대의민주주의가 가진 한계를 보완하고 극복하는 새로운 형태의 민주주의를 모색하는 제브라로그의 관심사는 우리의 그것과 아주 밀접하게 연관되어 있었다.

이런 식으로 제브라로그 뿐 아니라 만나야 할 이들의 목록을 차곡차곡 채워나갔다. 빡빡한 일정으로 가득 찬 수첩은 출발 날짜가 임박해서야 완성했다. 드디어 베를린으로 떠날 시간이 다가왔다. 가슴이 뛰기 시작했다.

밤하늘처럼 깜깜한 마음

인천공항을 출발해 암스테르담을 거쳐 베를린에 도착하는 여정이었

이디어를 선정해 이를 현실화했다. 결과적으로 데모스 프로젝트는 시민의 사기를 높이고 시정 참여에 대한 열정을 불러일으켜, 그들이 도시의 진정한 주인으로 설 수 있도록 도와줌으로써 풀뿌리 민주주의 역사의 한 획을 그었다는 평가를 받고 있다.
"우리의 꿈은 모든 시민이 그들의 관심이나 직업, 수입이 어떠하든 간에 토론과 의사결정과정에 활발하고 효과적으로 참여하도록 동기를 부여하고 이를 가능하게 함으로써 정치적 과정을 더 민주적으로 만들고자 하는 것이다." 이 문장은 데모스 프로젝트의 정신을 잘 보여준다.

 http://www.zebralog.de

다. 비행기가 이륙하고 들뜬 마음을 가라앉히기도 전에 기장이 안내방송을 한다. 항로가 변경되었단다. 제시간에 맞춰 베를린행 경유 비행기를 타기 어렵겠다는 생각이 들었다. 말도 잘 통하지 않는 곳에서 비행기를 놓치면 숙소 예약이나 다음날 일정이 엉망이 될 수도 있는 터라 걱정이 앞섰다. 이런 마음을 아는지 모르는지 비행기는 그저 무심하게 밤하늘을 조용히 날았다. 창밖으로 펼쳐진 깜깜한 밤하늘처럼 내 마음도 깜깜하기 그지없었다. 암스테르담에 도착하자 다행히도 비행기를 놓친 사람들을 위한 연결편이 바로 마련되어 있다고 안내를 한다. 그제야 마음이 좀 놓였다.

반 고흐의 이름을 딴 바에 사람들이 홀로 앉아 하이네켄 맥주잔을 기울이는 암스테르담 공항. 정장 차림에 서류 가방을 들고 바삐 걷는 사람들과 집채만 한 배낭을 지고 걸어가는 사람들, 아무 곳이나 앉아 배낭에 몸을 기댄 사람들 속에 있으니 이제야 먼 곳에 왔다는 것을 실감한다. 일상과 비일상, 국경과 무국경이 한 데 섞인 곳. 공항은 이러한 긴장과 흐트러짐이 공존하는 곳이다. 공항 곳곳에 아무렇게나 앉거나 누운 채 비행기를 기다리는 사람들, 한국에서는 흔히 볼 수 없는 풍경이었다. 어떤 곳이든 자기만의 공간으로 만들어버리는 이곳 사람들의 자유로움이 부러웠다. 물론 그들은 그저 피곤했을 뿐이고, 의자가 편히 눕기에 작았을 뿐일 수도 있겠지만.

우리는 낯선 곳에 있다는 불안감을 털어내기로 마음먹었다. 그들의 당당함과 뻔뻔함을 접수하기로 했다. 씩씩하게 네덜란드 입국심사대를 통과한 후 다시 짧은 비행을 마치고 베를린에 도착했다. 두리번두리번 출구를 향해 걷다 보니 시내버스 정류장이 보인다. 입국심사도 하지 않고 공항을 빠져나와버린 것이다. 아무리 찾아도 입국심사대가 보이지 않아 급히 안내창구를 찾았다. 다시 돌아가 입국심사를 거쳐야 하는지 물으니 이미 입국심사를 거쳤다고 알려준다. 암스테르담을 경유하면서 유럽연합EU에 들어오는 신고식을 마쳤다는 것이다. 국경을 하나 통과할 때마다 출국과 입국신고 하느라 난리를 떨던 예전을 생각하면, 간소해진 절차가 당황스러울 정도였다. 어쨌든 우리는 첫 목적지인 베를린에 무사히 당도했다.

혜연 생각 : 현지는 옆에서 베를린 공항의 사인물을 보며, 이것이 바로 공공사인이며 공공서비스라며 감탄을 거듭한다. 긴 비행에 지칠 만도 한데, 여기저기 카메라를 들이대는 현지를 보니 희망제작소 사람답다는 생각에 피식 웃음이 났다. 다른 눈으로 보기, 다르게 생각하기, 그리고 열심히 찍어대기. 이것이 바로 원순 씨에게 전수받은 소셜 디자이너의 기본자세가 아니던가. 나도 덩달아 카메라를 꺼내들고 버스정류장의 노선도, 버스 안내 시스템, 좌석 배치 상태 등을 열심히 찍었다. 백 마디 말보다 한 장의 사진이 주는 울림이 클 때가 있다. (특히 사람들을 설득할 때, 직접 보여주는 것 이상의 좋은 자료는 없다.) 그렇게 버스 수색(?)을 마치고 숙소에 도착하자 시차를 염려할 겨를도 없이 까무룩 잠이 들었다.

제브라로그와 얼룩말 대화를

베를린에서 맞이한 첫 아침. 빵과 버터, 치즈로 간단히 요기를 하고 길을 나섰다. 오늘은 제브라로그를 방문해 사회창안주간 행사에 초대 의사를 전달한 후, 베를린 시민사회를 둘러보는 일정이다. 베를린에서 가장 큰 역인 '쵸zoo' 역. 전철을 타기 전 한참이나 매표소를 찾다가 그만 플랫폼까지 가고 말았다. "어라? 왜 여기까지 와 버렸지?" 어제 공항에서 느낀 당황스러움이 재현되는 순간이었다. 다른 사람들이 어떻게 하는지 둘러보니 플랫폼에 설치된 매표기에서 자율적으로 승차권을 구입하고 있었다. 베를린에서는 매표원이나 역무원이 발권을 하지 않았다. 어떤 표를 사는지 요금을 얼마나 지불하는지는 어디까지나 본인의 양심에 맡긴다(물론 불시에 검표를 하는데, 티켓 없이 승차한 사람들에게는 높은 과징금을 부여한다). '신뢰'라는 시스템으로 작동하고 있는 베를린 시민사회의 한 단면이었다.

주소만 있으면 쉽게 길을 찾을 수 있는 유럽이지만 제브라로그로 가는 길은 꽤 복잡했다. 여러 사람에게 물어보고 나서야 간신히 찾을 수 있었다. 아담한 사무실에 들어서자 모두가 우리를 반갑게 맞아주었다. 생각보다 소박한 사무실과 따뜻한 환대에 적잖이 놀랐지만, 정작 우리를 깜짝 놀라게 한 것은 따로 있었다. 앉자마자 그들이 보여준 웹 사이트였다. 한국의 '참여마당 신문고♪'를 띄워놓고 이것이 어떤 성격의 사이트이며, 누가 어떻게 운영하고 있는지를 우리에게 물었다. '어떻게 이 사이트를 찾았을까?' 하는 생각이 들면서도 우리를 만나기 위해 진지한 준비를 하고 있었다는 사실에 적잖은 감동을 받았다.

놀라움은 여기서 그치지 않았다. 제브라로그의 디렉터인 마티아스 트레넬Matthias Trenel은 《오마이뉴스》 사이트를 띄워놓고 한국의 온라인 민주주의에 대해 이것저것 질문을 했다.

"온라인 민주주의에 관심이 있는 시민사회단체 그룹에서 한국은 선

♪ http://www.smg.go.kr 행정안전부에서 운영하는 국민 고충접수 사이트.

도적인 국가 중의 하나로 꼽히고 있어요. 우리도 한국의 인터넷 인프라와 그것에서 파생된 다양한 활동에서 영감을 얻곤 합니다."

"한국은 인터넷 인프라가 훌륭할지는 모르겠지만, 온라인을 활용해 시민참여 방법을 개발하고 실험하는 것에 주목하는 국내외 시민사회단체는 그리 많지 않습니다. 이런 점에서 제브라로그야말로 매우 인상적인 활동을 하고 있어요."

대화를 주고받으며 한편으론 으쓱하면서도, 한국의 시민사회진영이 온라인에 기반을 두고 이렇다 할 활동을 보여준 사례가 별로 없다는 생각을 했다. 제브라로그는 인터넷으로 시민과 끊임없이 대화하며 모은 의견을 정책 결정에 반영하도록 설계하고 운영하는 일을 하고 있었다. 이들이 관심을 두는 것은 단순히 정책결정과정에 영향력을 행사하는 정도가 아니었다. 어떻게 하면 많은 사람의 의견을 의사결정 과정이나 정책결정 과정에 반영할 수 있을까라는 점이 주된 문제의식이었다. 누가 토론과 합의에 과정에 참여해 더 나은 대안을 창출할 수 있을 것인가도 주요한 관심사 가운데 하나였다. 마티아스는 제브라로그의 철학적 바탕을 설명하며 숙의 민주주의와 하버마스Jurgen Habermas♪를 여러 차례 언급했다. 눈을 반짝이며 말하는 그의 모습에서 열정이 느껴졌다.

한국에서 서구 유명인사가 방한했다고 하여 강연을 들으러 가보면, 대개 철 지나간 얘기를 하거나 한국의 사정을 너무 모른다는 느낌을 받

♪   프랑크푸르트학파에 속하는 독일의 철학자이자 사회학자. 그가 내세운 숙의 민주주의는 '참여'를 통해 시민을 정치의 주체로 회복시키고 정치 과정을 공정하게 이끄는 것을 목적으로 한다. 하버마스는 숙의 민주주의의 성립 요건으로 시민 사이의 숙의가 일어나는 사회적 공론장을 제시했다. 공론장은 시민의 관심분야와 정치적 문제를 자유롭게 논의하는 장이자 비판적 참여의 통로가 된다. 자세한 내용은 《공론장의 구조변동:부르주아 사회의 한 범주에 관한 연구》(나남출판사)를 참조.

곤 했다. 서구사회가 아시아의 시계 바늘이 어디쯤 있는지에 대해 깊이 있는 성찰을 하지 못하고 있는 탓일 것이다. 이런 식의 실망감에 익숙해진 우리로서는 제브라로그가 보여준 열정과 진지함에 큰 감명을 받을 수밖에 없었다. 반면 마티아스를 비롯한 제브라로그 활동가들은 우리가 어떻게 자신들을 찾았는지가 놀랍고 신기하다고 했다. 사실 제브라로그는 자원 활동가를 제외하면 상근 활동가가 5명 정도밖에 되지 않는 아주 작은 단체다. 국제적 연대는 대개 한 나라를 대표하는 단체나 기관들을 중심으로 이루어지다 보니 역사가 짧은데다가 명망가가 아닌 젊은 활동가들로만 구성된 곳은 국제연대를 통해 만나기가 쉽지 않다. 그러니 멀고 먼 나라인 한국의 젊은 연구자들이 자신들의 활동을 포착하고 이렇게 찾아오기까지 했다는 사실은 이들로서도 궁금하고 놀라운 일이 아니었을까.

민주주의를 실현하는 다른 방식

지금껏 정치인, 교수, 로비스트 등 소수의 사람이 정책을 만들어왔다면 이제 그 활동영역에 평범한 사람들이 속하도록 하는 것이 제브라로그가 하는 일이자, 그들의 사명이었다. 소수에 불과한 정책 결정 그룹의 테두리가 계속 확장되기 위해서는 의회가 살아 있어야만 하며, 각각의 그룹이 건강하게 자기 소명을 다할 때 톱니바퀴가 맞물리듯 균형을 이룰 수 있다. 제아무리 훌륭한 시민 제안 시스템을 만든다 해도 의회나 공무원이 이를 수용하지 않는다면 힘을 갖기 어려울 테니까 말이다.

제브라로그 온라인 시스템에서 여러 시민이 낸 제안은 찬반 토론과 평가를 거쳐 걸러지고 다듬어진다. 이 과정에서 의회나 제브라로그의 활동가 그 누구도 시민의 제안을 평가하거나 제안 과정에 개입할 수 없다. 시민의 호응을 받았던 최근의 주제는 2008년 10월 폐쇄될 예정이었던 템펠호프 공항 부지를 어떻게 사용하면 좋을지에 관한 것이었다고 한다(10일 만에 무려 300건이 넘는 제안이 올라왔다). 이 제안들은 맞춤형 정보 배달서비스RSS로 즉각 송부되어 보다 많은 사람의 참여를 유도하는 과정을 거치게 된다. 이렇게 일차적으로 거른 제안을 다시 시민의 참여를 거쳐 공식화하고 평가해서 의회로 보낸다. 최종적으로 의회는 제안된 의견 중 10개를 뽑아 발표하고 정책 반영 여부를 검토한다. 온라인뿐 아니라 오프라인에서도 '템펠호프 리버티'라는 위원회가 만들어져 시민 제안에 대한 조사결과 발표, 강연, 전시를 진행하고 시민과 전문가들이 함께 하는 워크숍도 열었다고 한다. 제브라로그의 활동가들은 이 모든 과정을 조율하는 역할을 했다.

혜연 생각 : 아이디어에 따라 약간의 차이가 있지만 희망제작소 사회창안센터의 의사 수렴 과정은 이렇다. 시민이 아이디어를 홈페이지에 올리면, 사회창안센터 스태프들이 일주일 단위로 좋은 제안을 선정해 언론 보도, 정책제안서 제출, 캠페인 등으로 현실화하도록 노력한다. 하지만 시민의 제안을 정부, 공공기관, 의원과 정당 등 실행력을 가진 기관에 전달하고 실행하기까지는 엄청난 노력이 필요하다. 제브라로그의 사례처럼 우리도 정부나 지자체, 예산 의결권을 가진 의회와 협업을 한다면 사회창안이라는 활동 자체가 굉장한 영향을 발휘할 수 있지 않을까.

시민 제안은 대의민주주의가 가진 한계를 극복하기 위한 대안적 활동이다. 더 많은 사람이 정책 결정에 참여하는 것, 실생활에 영향을 주는 정책에 시민이 직접 개입하면서 직접 민주주의를 실험하고 실천하는 것, 이것이 진정한 의미의 사회창안이다. 그런데 희망제작소를 포함한 한국의 창안시스템은 그중의 누군가가 '제안'을 선정할 수 있는 '권한'을 갖게 되어 있다. 사실상 민주적이지 않은 방법이다. 제브라로그는 희망제작소 연구원들이 좋은 아이디어를 선정하는 과정에 참여한다는 사실에 적잖이 놀랐다. 이들은 프로그램을 운영할 뿐, 어떤 제안이 좋고 나쁘다고 평가하는 것은 '참여의 영역'이기 때문에 일절 관여하지 않는다고 한다. 제안을 선택하고 발전시키는 과정을 시민의 활동으로 고스란히 남긴 채, 토의와 토론이 잘 진행되도록 도울 뿐이라는 것이다. 신뢰에 기반을 두어 움직이는 베를린 시민사회의 성숙한 모습을 다시금 엿볼 수 있는 대목이었다.

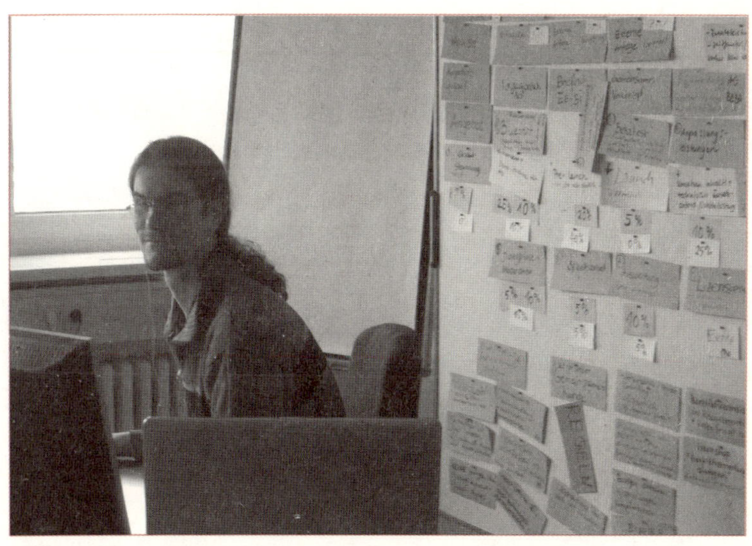

[제브라로그] 평범한 시민의 사회 참여를 이끌어내는 일에 몰두하고 있다.

제브라로그라는 특이한 이름에서도 그들의 철학을 고스란히 엿볼
수 있다. 얼룩말은 인간이 올라타는 것을 허락하지 않는, 자기 의지를
가진 동물이다. 개체는 굉장히 독립적인 성격을 갖고 있지만, 기묘하게
도 군집을 이루어 사는 사회적인 동물이다. 이는 각각의 자유의지와 개
체성을 인정하고 존중하면서도 구성원으로서의 책임을 방기하지 않는
다는 뜻이다. 개성과 다양성의 이름을 빌어 책임을 방기하거나, 조직과
집단의 이름으로 개개인의 고유함이 무시되기 일쑤인 인간사회보다는
개체와 전체의 균형을 잡아나가는 얼룩말 사회가 어쩌면 훨씬 매력적
이다. 이런 조화로움이 새로운 독일 사회와 구성원들의 모습이 되길 바
라는 뜻에서 '제브라로그'란 이름을 지었다고 한다. 온라인 미디어로
개인과 개인, 개인과 정부, 그리고 다양한 집단 간의 소통을 추구하는
이 단체가 '얼룩말 사이의 대화'란 이름을 갖게 된 까닭이다.

현지 생각 : 마티아스가 담당한 프로젝트들과 제브라로그의 활
동을 보고 들으며 우리의 활동을 돌아보았다. 중요한 것은 세계
최고 수준의 인터넷 인프라가 아니라 무엇이 그것을 채우고 있는가 하는
점이다. 민주주의는 다양한 배경을 가진 사람들이 자유롭게 참여하는 공
론의 장이 펼쳐질 때 성숙한다. 마티아스는 한국의 인터넷 인프라가 이
를 가능하게 할 것이라는 점에 감명 받았고, 바로 이 점이 온라인 민주주
의 확장을 위해 활동하는 사람들이 한국을 주목하는 이유였다. 하지만
실제 우리의 현실은 어떤가? 최근 여러 사건에서 드러났던 것처럼, '건전
한 인터넷' 운운하지만 다양한 의견 표출을 국론분열의 주범으로 꼽고,
상식선에서 제기한 비판을 허위사실 유포로 몰아가고 있지 않은가. 시민
의 목소리가 두려워 게시판을 검열하고, 댓글을 차단하며 포털사이트 감
시에 열을 내고 있는 한국의 정치·사회 현실을 생각하니 답답함이 밀려
왔다.

폐허를 예술로 바꾸는 문화

마티아스를 비롯한 제브라로그 활동가들과 거의 두 시간에 걸쳐 이야기를 나누고 점심 식사를 하러 일어섰다. 맛있는 점심을 대접하겠다기에 기대하며 찾아간 곳은 언론사들이 밀집해 있는 건물의 카페테리아였다(연합뉴스 구내식당 정도 되려나). 앞으로의 일정, 만나보면 좋을 단체에 대한 이야기 등, 못다 한 이야기들을 나누며 화기애애한 분위기를 이어갔다. 버터와 치즈를 잔뜩 넣은 스파게티와 샐러드를 먹는 우리를 보자, 눈을 동그랗게 뜨고 모두가 뜻밖이라는 듯 한마디씩 하는 것이었다.

"한국 사람도 치즈를 먹나요?"

"네, 좋아해요."

"진짜예요? 정말 치즈를 좋아해요?"

"네. 굉장히 좋아해요."

"동양 사람들은 유가공 식품을 못 먹는 줄 알았어요."

"어렸을 때부터 우유와 치즈를 먹고 자랐어요. 우유를 많이 먹으면 키가 큰다고 해서 학교에서 급식까지 한 걸요."

혜연 생각 : 아니, 동양 사람들이 우유도 못 먹고 치즈도 못 먹는 줄 알았다고? 시대가 어느 땐데 이런 소리를? 여하튼 그들은 처음 알게 된 '놀라운 사실'이라며 웅성웅성했다. 베를린에 한국 유학생이며 아시아계 사람들이 수도 없이 많을 텐데. 오! 놀랍다!

식사를 마치고 제브라로그 사람들에게 2008년 가을에 열릴 희망제작소 사회창안국제회의에서 강연을 해달라는 부탁을 했다. 정부와 시민사회, 1섹터와 3섹터 사이에 다리를 어떻게 놓고 있는지, 제브라로그의 경험을 야기해달라는 제안이었다. 비용은 부담하겠다고 했더니, 흔쾌히 오겠다고 약속했다. 맛있는 맥주를 대접하겠다는 마티아스의 호의를 사양하고 빡빡한 일정을 탓하며 아쉬운 마음으로 제브라로그를 나섰다.

베를린에서 첫 공식 방문을 성공적으로 끝내고 나니, 홀가분한 마음으로 베를린을 탐방할 수 있었다. 우리는 늘 보고 싶었던 '베를린장벽'에 가보기로 했다. 역사의 현장에 서니 가슴이 저릿하다. 그저 베를린의 회색 풍경 위로 도열한 돌담일 뿐인데, 이것이 그토록 오랫동안 사람들의 마음을 가르고 세계를 갈라놓았다니!

우리는 허물어진 장벽 앞에 섰다. 베를린장벽은 돌조각이 되어 세계 각국에서 온 관광객에게 판매되고 있었다. 3유로면 한 조각을 살 수 있었지만 왠지 그것을 사고 싶지 않았다. 베를린장벽이 인기 상품이 되어버린 탓에 서로를 갈라놓았던 시절을 기억하고 냉혹했던 시절을 견뎌낸 사람들을 위로할 장소가 없어졌다는 이야기가 생각났기 때문이다. 지금은 벽 대신 (제브라로그의 작업으로 만들었다는) 베를린장벽 박물

[베를린장벽으로 가는 길]

[베를린장벽]

[기념 공원] 베를린 곳곳에는 베를린장벽이 서 있던 흔적이 있다.

[박물관 음성 안내기] 냉전으로 희생된 수많은 이에 대한 깊은 슬픔과 조용한 추모를 느낄 수 있다. 한국의 전쟁기념관이나 거제도 포로수용소 같은 분위기가 아니어서 좋았다. 버튼을 누르면 당시 이 지역에 살고 있던 사람들의 육성이나 생활소음 등이 나온다.

관이 그 역할을 대신하고 있다. 이곳에서는 베를린장벽을 사이에 두고 당시 서독과 동독 사람들이 나누던 대화를 들을 수 있다(방송 일시와 내용, 수신자가 누구인지도 알 수 있다). 세월이 지나 우리도 하나가 되는 날이 온다면 어떤 식으로 지난날을 기억하고 추억해야 할까를 생각해봤다.

옛 서독과 동독의 접경지역에 걸쳐 있는 베를린 기념박물관을 나와 폐허가 된 채 방치되어 있던 맥주 공장에 예술가들이 입주해 세계적인 문화공간을 만들어낸 '쿨투어 브라우이Kulture Brauerei'를 탐방했다. 베를린 시민사회는 나치의 아픈 기억과 패전을 상징하는 이 건물을 허물기보다는 평화와 자유로움을 상징하는 예술 공간으로 승화시켰다. 역사를 기억하고 이어가는 이 성숙한 방식은 베를린 시민사회가 무엇을 지향하고 있는지 소리 없이 말해주고 있었다.

어느새 해가 지고 그림자가 길게 드리운다. 터벅터벅. 우리가 내딛는 발자국 소리가 울린다. 큰 나라의 수도답지 않게 무척 조용한 베를린 거리. 이른 아침부터 긴장한 상태로 종일 낯선 곳을 걸어서인지 피곤이

[쿨투어 브라우이] 폐허가 된 채로 방치되었던 공장이 문화공간으로 변모했다. 베를린 시민 사회를 이해하기 위해서는 꼭 들러볼 만한 곳이다.

몰려왔다. 좀 더 둘러보고 싶은 마음이 간절했으나 내일 있을 불만합창
단 설명회 참가를 위해 발걸음을 돌려야 했다.

올리버와 텔레르보를 만나다

불만합창단 설명회 참가는 이번 출장에서 가장 중요한 '미션'이었
다. 설명회는 베를린 현대예술비엔날레 행사 프로그램 중의 하나였다.
오늘 설명회에서는 참여한 사람들과 함께 즉석에서 합창도 한다고 하
니, 무척 기대된다. 행사장으로 가는 길을 둘러보니 비엔날레라고 해서
특별히 거리를 단장한 것 같진 않았다. 그저 마을 전체가 행사장이고
전시장이었다.

[쿤슈트베르크]
불만합창단 설명회가 열리는 곳

드디어 쿤슈트베르크KunstWerk♪에 도착했다. 불만합창단 설명회가 열리는 장소다. 사람들이 삼삼오오 모여 있었다. 우리는 카페테리아에 앉아 불만합창단에 관심을 가진 사람들은 어떤 사람들인지를 관찰했다. 얼마쯤 시간이 지났을까. 갑자기 사람들이 우르르 움직였다. 행사를 시작하려는 것 같았다. 우리도 사람들을 따라 안으로 들어갔다.

현지 생각 : 거리는 한산했다. 과연 이곳에서 비엔날레가 열리고 있는 중인지 묻고 싶을 정도였다. 거리가 워낙 조용하다 보니니 긴장이 된다. 과연 이야기는 잘할 수 있을지, 행사를 다 보고도 이해를 못하면 어떡하나, 별 잡다한 생각이 머리를 꽉 채웠다. 유학생처럼 보이는 한국 사람에게 아는 척을 하니 불만합창단을 구경하러 왔다고 한다. 낯선 땅에서 우리말이 통하는 사람을 만나니 무척 반가웠다.

혜연 생각 : 강렬한 빨간 문, 예쁜 마당, 모여 있는 사람들이 한데 어우러져, 뭔가 예술적인 기운이 마구 느껴진다. 활자로만 보았던 불만합창단을 만드는 과정이 이제 곧 눈앞에서 펼쳐질 것이다. 그 과정이 어떨지, 불만합창단이 어떤 것일지, 그리고 불만합창단에 참여하는 것의 의미는 무엇일지 이제 곧 실감할 수 있다. 가슴이 두근거리기 시작했다.

강의실 정도 크기의 방에 사람들이 가득했다. 한켠에 스크린과 키보드가 눈에 띄었다. 벽에는 〈베를린Berlin〉〈관계Relationships, 친구 Friend, 가족Family〉〈대중교통Public Transportation〉〈세계World〉〈교육 Education〉〈이웃Neighborhood〉 등이 적힌 전지가 붙어있고, 의자에는

♪ 예술작품이란 뜻.

[불만합창단 설명회] 호기심과 열정이 가득한 사람들

불만을 적어서 해당하는 카테고리에 붙이는 용도로 보이는 노란색 메모지와 볼펜이 놓여있었다.

한 장면이라도 놓치지 않기 위해 서둘러 자리를 잡고 비디오카메라를 설치했다. 사람들을 응대하느라고 정신이 없는 올리버와 텔레르보 부부를 금방 찾아낼 수 있었다. 올리버하고는 몇 달 전부터 메일을 주고받았다. 한국에서 불만합창단을 해보겠다는 제안에 대해 '느슨한 승인'도 이미 받아놓은 상태였다. 베를린 설명회에 참여하겠다고 약속했기 때문에 행사 시작 전에 미리 인사를 해두어야겠다 싶었다. 올리버와 텔레르보는 초면인데도 오래 알고 지낸 사람처럼 우리를 반겨주었다. 막내 삼촌 같은 친근감이 드는 올리버는 환히 웃으며 일단 설명회에 참석하고, 내일 따로 만나서 자세한 이야기를 나누는 것이 어떻겠느냐는 제안을 했다. 우리는 흔쾌히 동의하고 자리로 돌아왔다.

불만을 드러내는 유쾌한 경험

설명회 사회를 맡은 텔레르보가 불만합창단에 대한 이야기를 시작했다. 세계의 불만합창단 모습과 거리공연을 보여주며 불만합창단 조직 단계에 대해 설명을 했다. 버밍엄, 헬싱키, 시카고, 싱가포르 등 약 7개 도시의 불만합창단 영상을 같이 보고, 불만합창단을 만들면서 생긴 크고 작은 일화도 들었다. 2008년 2월에 열릴 예정이던 공연이 이틀 전 당국의 공연 불허로 무산되었다는 싱가포르 불만합창단, 자신의 걸작을 만드는 것에만 관심이 있는 작곡가를 단원들이 갈아치웠다는 부다페스트 불만합창단, 세계 최초의 어린이 불만합창단에 이르기까지 홈페이지에서 이미 확인한 내용이었지만 직접 들으니 마치 처음 알게 된 사실처럼 신선했다.

불만합창단에 대한 대략적인 소개가 끝나자, 즉석에서 작은 불만합창단을 만드는 과정이 진행되었다. 각자의 불만을 이야기해보자는 제안을 하자마자 여기저기 손을 들더니 사람들이 나가서 각자의 불만을 이야기한다. 한 남자는 마치 랩을 하는 것처럼 빠른 속도로 불만을 쏟아내기 시작했다. 그런데 시간이 지나면서 이 사람이 욕설을 하고 화를 내는 바람에 듣는 이들을 점점 불쾌하게 만들었다. 듣던 사람들도 더는 참을 수가 없었는지 "나에겐 당신의 불만을 듣지 않을 권리가 있다"며 불만을 토로하기 시작했다. 결국 그 사람은 주최 측이 부른 경찰에 이끌려 강제 퇴장하는 상황도 벌어졌다. 소동이 벌어졌지만 분위기는 내내 역동적이었고 활기찼다.

여러 사람의 불만이 쏟아지는 가운데 점점 분위기가 고양되기 시작했다. 각자 메모지에 자신의 불만을 적으라는 텔레르보의 주문이 떨어지자, 약속이나 한듯 사람들은 진지하면서도 즐겁게 불만을 적기 시작했다. 사람들의 불만을 내용별로 구분해 붙였다. '베를린'에 불만 있는 사람은 베를린이라 적힌 전지 앞에, 사람들과의 '관계'에 대해 이야기하고 싶은 사람은 해당 주제가 붙어 있는 전지 앞에 모이는 식으로 나누니 순식간에 작은 모둠이 형성되었다. 각 모둠에서 어떤 불만을 가사로 채택할 것인지에 대해 즉석에서 열띤 토론이 이루어졌다.

이 모든 과정을 지켜보며 우리는 놀라움을 감출 수 없었다. 다양한 구성원으로 이뤄진 작은 모둠에서 사람들은 쉼 없이 이야기를 하기 시작했다. 생면부지의 사람들이 즉석에서 자신의 의견을 말하고 타인의 의견을 수용하면서, 하나의 불만으로 정리해내는 놀라운 광경이 눈앞에서 펼쳐졌다. 즉석에서 토론을 이끄는 조력자가 뽑혔고 그의 유도에 따라 토론이 활기차게 이루어졌다. 불만합창단이라는 공통된 관심사를 주제로 하여 많은 사람이 의견을 교환하며 하나가 어우러지고 있었다. 의견이 다르다고 해서 싸우지 않았고, 처음 본 사이라고 해서 수줍음을 타는 이도 없었다. 소외되는 사람 없이 모두가 참여하며 뭔가를 만들어가고 있었다. 생경한 풍경이었다. 한발 물러나 생각하니 이들이 행사를 진행할 수 있는 장소를 얻고 간식거리를 제공할 수 있는 운영비를 어떻게 마련할 수 있었을까 궁금해졌다. 아마도 우리에게는 부족한 문화적 풍요로움이 있기 때문이 아닐까 하는 생각을 해봤다. 베를린 시민사회는 각자의 개성을 자유롭게 표현하는 것을 수용하고 장려하며, 실험적인 프로젝트에 아낌없이 자금을 지원하고 있었다. 부러움을 넘어서 경이롭다고나 할까.

약 30분 정도 시간이 지나고 모둠별로 사람들이 나와서 그들이 선택한 불만에 대해 이야기를 했다. 어떤 불만을 노래할지 의견이 모이자 작곡가가 곡을 만드는 시간 동안 불만합창단에 대한 질의응답이 이어졌다. 그때 누군가가 내 등을 톡톡 쳤다.

"계속 영상을 찍는 거 같은데 날 따라와요. 작곡가가 지금 곡을 쓰고 있는데, 그 모습이 아주 아름다워요. 그걸 찍으면 좋겠어요."

그를 따라가니 낡고 노란 불빛이 은은하게 새어나오는 방에서 작곡자가 열심히 건반을 두드리며 노래를 만들고 있었다. 그 아름다운 광경을 한참 영상으로 담는 동안 이 보물 같은 모습을 알려준 고마운 이는 어디론가 사라져버렸다. 한 시간쯤 지났을까. 드디어 작곡자가 완성한 노래를 가지고 등장했다. 작곡자의 지도를 받으며 모두가 함께 한 소절씩 노래를 따라 불렀다. 그 내용이 누구의 불만이었건 관계없이 모두가 마음을 담아 부르고 있었다. 몇 번 연습을 하니 꽤 그럴듯한 합창이 완성되어 갔다. 감정을 실어야 할 노래 대목에서 작곡가는 크고 작은 몸동작으로 단원들의 감정을 최대한 이끌어냈다.

좌절과 기쁨이 교차한 불만합창 설명회

두세 번 연습하니 노래가 어느 정도 귀에 익었다. 노래를 잘 부르는 것이 중요한 일은 아니기 때문에 정식 불만합창 과정에서도 노래 연습은 곡을 익히는 수준으로만 이루어진다고 한다. 노래하며 웃는 사람들의 얼굴이 환하게 빛난다. 짜증 섞인 불평, 불만을 노래로 만들어 기분 좋게 부른다는 사실만으로도 화나고 짜증났던 상황과 기억에서 해방되는 듯했다. 모두의 노래가 서로에게 깊은 울림이 되어 퍼져나가고 있었다.

혜연 생각 : 노래하는 모두의 얼굴이 상기되자 덩달아 나도 들떴
다. 지금까지 막중한 책임에 막막하기만 했던 기분이 일순간에
해소되었다. 함께 노래를 부르고 이야기를 나누다 보니 나 또한 그들의
일원이라는 생각마저 들었다. 불만합창을 어떻게 꾸려가야 할지, 밑그림
이 머릿속에 착착 그려지기 시작했다. 기분도 점점 좋아졌다.

현지 생각 : 불만합창단 설명회장에서 우리 사회의 모습을 떠올
렸다. 모든 사회는 성숙의 단계가 다르고, 지나온 역사 또한 다르
다. 사회마다 경험치에 차이가 있기 때문에 서구 시민사회 보다 우리 시
민사회의 수준이 떨어진다는 식의 단순 비교는 의미가 없다는 것을 잘
안다. 하지만 참여와 민주주의를 위해 서구로부터 도입했던 많은 방법이
실은 이토록 다른 배경과 역량에서 작동하던 것이었음을 보고나니 충격
이 클 수밖에 없었다. 불만합창이란 것이 단순히 모여서 노래하는 것이
아니라 서로의 합의와 토론에서 비롯해야 의미가 있다는 사실을 알게 되
니 더 좌절할 수밖에 없었다. 과연 우리 사회에서 불만합창단을 구성하
는 것이 가능할지, 심각한 회의가 엄습하기 시작했다. 더군다나 사방에
서 들리는 낯선 언어 때문이었는지, 나 혼자만 이방인이 된 것 같은 기분
에 휩싸였다.

그날 베를린 시민과 함께 만든 불만합창단의 가사는 다음과 같다.

male dominance female tolerance
남자들은 여전히 위에 있고 여자들은 참고 있네

the world is too fast sometimes
세상은 때때로 너무 빨리 돌아가고

why does democracy only have two sides
왜 민주주의는 이것 아니면 저것밖에 없는 걸까

too many people pushing prams of the street
너무 많은 사람들이 유모차를 거리로 밀고 들어오고

Frank knnt immer zu spaet (NUR Inga ist noch schlommer)
프랭크♪는 만날 늦게 오고 잉가♪는 점점 싸가지가 없어지네

People are always complaining'bout the weather
사람들은 매일 날씨를 불평해

why don't I have any tampons when I need them
왜 내가 필요할 때면 탐폰이 없는 걸까

(후렴)

I can't remember the past ten years
난 지난 10년이 기억나지 않아

I won't get a job if I don't have the right friends
좋은 친구가 없었다면 직장을 못 구했겠지?

rich tourists eat up all the cheap soups
돈 많은 여행자들은 싸구려 수프를 먹어치우고

in Berlin are too many wanabe artists
베를린에서는 개나 소나 다 예술가래

and why is everything closed on a Sunday
왜 일요일이면 모두 문을 닫는 거야!

the Berlin biennnale is scandalously broing
베를린 비엔날레는 끔찍하게 지루하고

especially condiering its public money
못된 것들이 교통을 장악했지

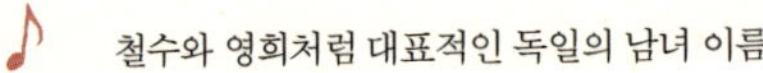 철수와 영희처럼 대표적인 독일의 남녀 이름.

에스컬레이터는 너무 느려
인턴 세대♪는 벌써 30년이 넘었지

혜연 생각 : "현지 씨, 이거 될 것 같아. 잘할 수 있을 것 같아." 기쁨에 차서 얘기를 걸어봤건만, 어찌 된 일인지 현지는 갈수록 말이 없다. 좋아하는 술도 마다한 채 화난 사람처럼 입을 꽉 다물고 있다. 나는 이제 어떻게 할지가 보이는데, 불만합창단이라는 그림을 그려 보일 수 있게 되었는데, 현지는 왜 기분이 좋지 않을까? 숙소로 돌아가는 내내 현지는 한마디도 하지 않았다.

현지 생각 : 내가 의기소침해진 데 비해, 혜연은 굉장히 흥분되어 있었다. 여기저기 모둠에 끼어 토론하기도 하고, 사진을 찍기도 하고, 과자를 먹고 맥주를 들이켜고. 이제야 어떻게 해야 할지 알 것 같고, 일을 떠나 이런 과정 자체가 재밌고 흥미로워서 그렇단다. 이토록 다르게 생각할 수 있다니! (^^;;) 우울함과 걱정을 가득 안고 숙소로 가는 길. 아무 말 없이 걷기만 하는 나를 보며 혜연이 눈치를 살핀다. 고민이 깊었던 탓일까. 그날 밤 독일 맥주를 '제대로' 마셔보자던 계획은 무산되고 말았다. 지금 생각해보니 미안한 마음이 물밀듯 밀려온다. 언젠가 혜연에게 독일 맥주를 융숭히 대접해야겠다.

좌절과 기쁨이 교차한 불만합창단 설명회는 그야말로 생생한 리포트이자 현장교육이었다.

실제로 이 날의 경험은 실제로 한국에 돌아와 불만합창단을 준비하

♪ '88만원 세대'처럼 직업을 못 구해 인턴만 하면서 생활할 수밖에 없는 독일 청년 세대를 일컫는 말.

면서 수 없이 벽에 부딪힐 때마다 좋은 지침으로 활용되었다. 하지만 그날 밤 우리는 각자 상반되고 복잡한 마음을 안은 채 숙소로 향할 수밖에 없었다. 그것은 우리의 프로젝트가 앞으로 어떻게 전개될 건지에 대한 고민이었다. 사진을 정리하고, 약간의 메모를 하고, 서로의 의견을 교환했다. 베를린에서의 마지막 밤은 그렇게 깊어지고 있었다.

'야심차고 미친' 계획의 든든한 지원군

"10월에 한국에서 불만합창 페스티벌이 열릴 겁니다. 전국 규모의 불만합창단을 만들겠다는 대단히 '야심차고 미친ambitious and crazy' 계획을 세운 한국의 친구들이 이 자리에 참여했군요."

불만합창단 설명회 자리에서 올리버는 우리를 이렇게 소개했다. 올리버와 텔레르보 부부는 전국적으로 그것도 동시다발로 불만합창단을 만들고 함께 모여 공연할 것이라는 우리의 계획을 믿기 어려웠는지 반신반의하는 설명을 날렸다.

설명회 다음날 만나자는 약속대로 우리는 이 부부를 만나기 위해 옛 동독 지역인 알렉산더 플라츠에 있는 숙소로 향했다(부부에게 한 살 된 아기가 있어 이동하기가 어렵다고 했다). 우리는 3시간 넘게 진행된 설명회에 참여했고, 또 과정 전부를 촬영했기 때문에 그들을 다시 만나야 할 필요가 있을까란 생각이 들었다. 게다가 우리는 이날 오후 떠나야 해서 남은 시간은 베를린을 구석구석 보고 싶다는 욕심도 있었다. 하지만 우리와 좀 더 이야기하고 싶다는 올리버의 호의가 고마웠다. 우리는 지도

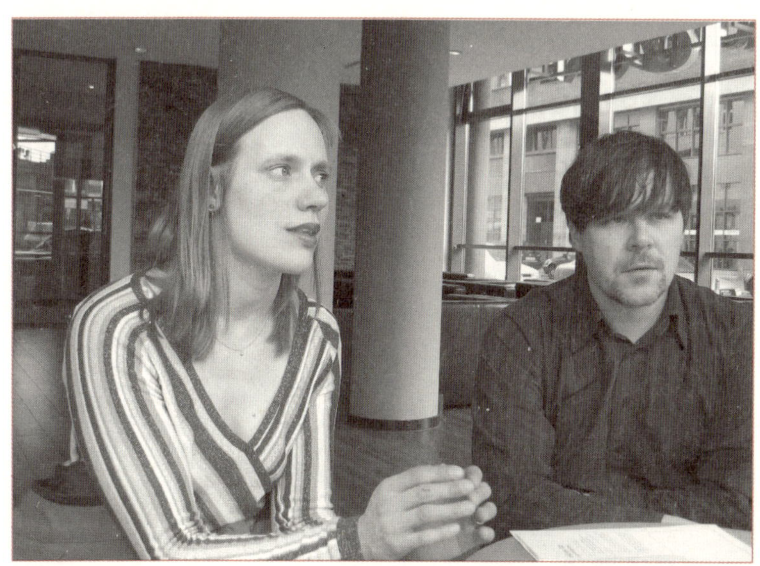

를 몇 번이나 펼쳐가며 겨우 올리버 부부가 머무는 호텔에 도착했다. 올리버가 로비에서 우릴 기다리고 있었다. 그들도 핀란드로 돌아가는 날이라 짐이 산더미였다. 불만합창단에 대해 많은 이야기를 했으나, 멀리서 온 사람들에게 더 많은 이야기를 들려줘야 한다는 그들의 열정과 예의 바름에 감동 받을 수밖에 없었다.

우리는 우선 올리버와 텔레르보 부부에게 희망제작소가 어떤 곳이고, 우리가 속한 사회창안센터와 뿌리센터가 어떤 일을 하는 곳인지에 대해 설명했다. 이들은 사회창안의 과정을 굉장히 흥미로워했다. 그도 그럴 것이, 불만합창과 사회창안은 일상 속의 불만을 나름의 방식으로 사회적인 자원이나 예술적인 자원으로 전환하는 새로운 방법론이지 않은가. 사회창안의 출발도 개개인의 '불만'에서부터 시작한다. 사회창안센터가 지금까지 불만을 창의적이고 생산적인 아이디어로 전환하는 일을 해온 것처럼, 불만합창단도 같은 맥락에서 비슷한 일을 하고 있었다. 사회창안시스템을 설명하며 시민의 제안으로 지하철 손잡이가 낮아졌다는 이야기를 하니, 올리버도 시카고 불만합창단의 가사에 버스 손잡이의 높이에 대한 불만이 있었다고 얘기해 준다. 사회창안센터에 올라오는 시민 제안 중 많은 비중을 차지하는 것이 대중교통에 관한 것인데, 재미있게도 불만합창단에도 대중교통에 관한 불만이 가장 많다고 한다. 사람 사는 세상은 어딜 가나 다 비슷한가 보다.

텔레르보와 올리버 부부는 그동안 불만합창단을 만들며 있었던 일들, 작은 팁까지도 놓치지 않고 전해주려고 했다. 텔레르보와 올리버는 '한국 불만합창단' '독일 불만합창단'처럼 큰 규모로 불만합창단이 만들어진다면, 소도시에 사는 사람들의 일상과 거기에서 비롯되는 많은 불만이 드러나지 않은 채 일반화될지도 모른다는 우려 또한 표했다. 한 도시에서 하나를 만드는 일에도 많은 품과 정성과 노력이 들어가는데, 우리가 자그마치 전국적으로 10개 정도의 불만합창단을 만들겠다고 하니 놀라움을 금치 못했다. 내심 이 친구들이 뭘 모르는 걸까, 아니면 대단히 야심 찬 사람들일까를 고민하는 듯 보였다.

'함께 함'과 '열정'이라는 동력

"불만합창단은 '함께 함' 그리고 '열정'을 빼놓고 설명할 수 없어요. 불만합창단은 '다른 사람들이 모여 다른 의견들이 어느새 서로 연결되는 것을 발견하는 것'이고, 참여자 모두의 자발적인 열정을 동력으로 하기 때문이지요."

텔레르보는 함께 함과 열정에 대해 이렇게 설명했다. 불만합창단에서 만난 사람들은 서로 이야기를 나누면서 그동안 나와는 상관없다고 생각한 문제를 자기 문제로 받아들이고 그 불만에 진심으로 마음을 담아 노래를 부르는 과정을 겪는다고 했다. 불만합창단은 서로 연결되는 방법을 발견하는, '함께 함'에 대한 프로젝트라는 것이다. '열정' 또한 중요한 핵심이다. '누구나 참여할 수 있다'라는 불만합창단의 으뜸 원칙을 뒤집어서 말하자면 '아무도 참여하지 않을 수 있다'란 뜻일 수도 있다. 그러므로 참여하는 사람 하나하나는 이 프로젝트에 굉장한 열정을 가지고 있다는 뜻이 되고, 불만합창단 조직자는 모임을 거듭할수록 참여자들의 열정을 북돋아 주는데 많은 노력을 기울여야 한다고 조언해주었다.

불만합창은 유럽 사회에서도 생소한 개념이어서, 이것을 '데모' 합창 정도로 이해하는 사람들도 많다고 했다. 독일에서는 담배광고에 반대하는 그룹들이 불만합창단을 통해 그들의 목소리를 내려고 한 적이 있었는데, 올리버와 텔레르보는 이런 시도를 거절했다고 한다. 불만합창단은 어떤 사람이든 참여할 수 있고, 어떤 불만이든 이야기할 수 있어야 하기 때문이다. 미리 정해진 주제나 의제가 있어서 '무엇을 바꿔야 한다'는 목적이 분명하다면, 불만합창단의 특징인 '개방성'을 유지하기 어렵다는 것이 그들의 의견이었다.

"누구나 노래로 자신의 불만을 말할 수 있는 것, 그리고 웃으며 불만을 노래하는 것도 역시 무언가를 바꾸는 방법이며, 어쩌면 그 이상일 수도 있습니다."

1시간 정도면 충분할 것 같았던 이들과의 대화는 2시간 넘게 이어졌

다. 올리버와 텔레르보에게 합창단의 조직과 운영에 대한 자세한 이야
기를 듣고 관련 자료까지 받으니 든든하기 이를 데 없었다. 친절한 이
북유럽 예술가 부부는 한국에서 열릴 불만합창 페스티벌에 지대한 관
심을 보이며 최대한 돕겠다는 것은 물론, 불만합창 페스티벌과 사회창
안주간에 참석하겠다는 의사를 밝혔다. 이번 출장의 가장 중요한 임무
를 완수했다는 안도감이 들었다. 동시에 자신감도 생겼다.

혜연 생각 : 이들의 친절하고 자세하며 확신에 찬 설명을 듣고 있
자니 왠지 모든 일이 잘될 것 같다. 그냥 돌아갔더라면 알 수 없었
을 귀중한 정보를 얻어 천군만마를 얻은 기분이다. 불만합창단 설명회는
노래를 그럴싸하게 만들어 부르는 것보다 부르기까지의 과정이 중요하
다는 것을 깨우쳐주었다. 그리고 불만합창단을 조직하는 이에게 이러한
불만합창의 가치를 지키려는 고집과 용기가 필요하다는 것을 알 수 있었
다. 물론 우리 사회에서 이 프로젝트를 시도하기가 쉽지만은 않을 것이란
생각도 든다. 하지만 이 젊은 예술가 부부도 아무것도 없이, 아이디어 상
태에서 시작한 것이 아닌가. 우리도 해볼 만하겠다는 자신감이 든다. 현
지는 여전히 무표정이다. 식사할 때는 기분이 좋아 보이던데 아니었나?

현지 생각 : 올리버와 텔레보로의 설명을 듣고, 여러 자료를 건네
받았지만, 어제의 우려가 쉽사리 가시진 않는다. 하지만 이 젊은
예술가 부부의 표정에서는 열정이 있는 사람들에게서만 볼 수 있는 '확
신' 과 '진정성'이 보인다. 올리버의 눈망울을 보니 용기가 솟아오른다.
우리의 현실이 어떠하든, 어쨌든 주사위는 던져졌다. 여기까지 온 이상
물러설 수 없다는 생각이 들었다. 하지만 문제는 이 부부의 북유럽식 영
어 발음이었다. 너무나 빠른데다가 억세서 도통 무슨 소리를 하는지 알
아들을 수가 없다. 표정은 다시 굳어질 수밖에 없었다. 부디 텔레르보와
올리버 부부가 불쾌함을 느끼지 않았기를~. (-_-;;)

훗날의 일이지만 불만합창을 조직하는 과정에서 수많은 딜레마에 빠질 때도 있었고, 타협을 해야만 하는 순간도 존재했다. 이날 올리버와의 만남이 없었더라면 분명히 흔들렸을 것이다. 이후 전국적으로 불만합창단을 조직하는 과정에서도 올리버와 텔레보르는 조언과 도움을 아끼지 않았다. 프로젝트를 떠나 좋은 친구를 얻은 것 같아 든든하다. 어쨌든 출발이 좋아 다행이다!

일상에서부터 시작되는 영국의 민주주의

런던행 비행기는 저렴한 이지젯EASY-JET 항공을 이용했는데, 역시나 싼 게 비지떡이었다. 앵글로색슨족의 천방지축 남학생 무리가 점령한 기내는 소란스럽기 그지없었다. 승무원들이 술까지 받아먹으며 어울리는 상황을 도대체 어떻게 이해해야 할까? 그런데도 다들 질렸다는 표정으로 그저 앉아 있기만 하니 유럽 문화는 도통 알 수가 없다. 정신이 곤두선 채로 개트윅공항에 도착하니 이번엔 까다로운 입국심사가 우리를 불편하게 한다. 테러 위험도 있고 최근 불법 체류자가 많아져서 엄격하게 진행한다고는 하나, 입국장에서부터 기분을 상하게 하는 건 자국을 찾아온 손님에게 취할 태도는 아닌 것 같다. 불편한 심사를 누른 채, 익스프레스 기차를 타고 런던으로 향했다. 시내에 도착하니 완전히 어두운 저녁이 되어 있었다.

아침이 밝았는데도 날씨는 꽤 쌀쌀했다. 익히 들은 것처럼 런던 날씨는 뒤죽박죽. 맑았다가도 갑자기 비가 쏟아지기 일쑤였다. 늘 이 모양

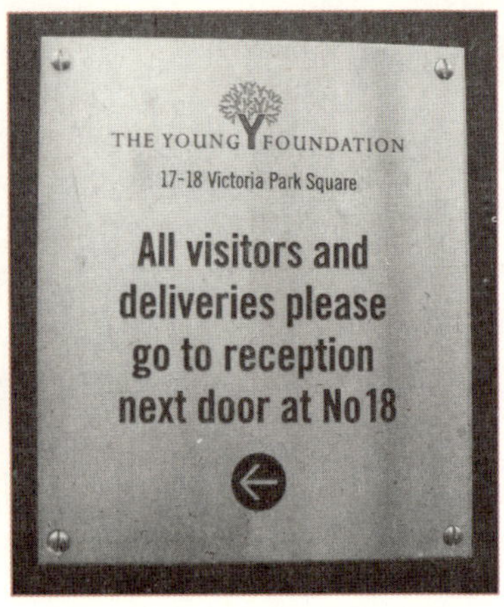

[영파운데이션]

인 날씨 때문인지 런던 시민은 웬만한 비에는 우산도 쓰지 않고 태연히 길을 걷는다. 반듯반듯한 현대적 건물이 늘어선 베를린과는 달리 런던은 거대했고, 시끄럽고 오래되었다는 느낌이 들었다. 지하철을 타면 터번을 두른 인도 계열의 아저씨와 흑인 신사, 그리고 전형적인 북유럽인처럼 보이는 아줌마, 그리고 아시아인까지 한 칸에 공존하는 진기한 풍경이 여기선 흔하다. 대영제국의 영광을 상징하는 고풍스럽고 오래된 건물들과 다양한 인종이 더불어 사는 곳이 런던이었다.

런던에서 처음 방문한 곳은 영파운데이션The Young Foundation♪이었다. 이곳의 대표이사로 있는 제프 멀건Geoff Mulgan을 사회창안주간에 초청하는 것이 런던에서의 첫 번째 임무. 영파운데이션은 런던 동북부의 조용한 주택가에 나란히 붙은 집 두 채를 사무실로 사용하고 있었다. 간판이 없다면 그냥 지나칠지도 모를 정도로 평범한 영국식 집이었

♪　창립자인 마이클 영Michael Young의 이름을 따서 세운 재단. 영국에서 가장 영향력 있는 진보적인 싱크탱크로 꼽힌다.

다. 처음에는 영파운데이션이라는 이름만 보고 주로 청년들을 대상으로 사업하는 곳인 줄 알았는데, 알고 보니 희망제작소와 놀랄 만큼 흡사한 일을 하고 있었다. 조직의 방향과 사업 분야는 물론 심지어 부서 명까지 비슷하다는 것을 알게 되자 아주 오래전부터 알고 지내온 듯한 느낌이 들었다. 제프 멀건은 이미 한국에 여러 차례 방문한 터라 우리에게 관심이 많았다. (몇 달 뒤, 국제 세미나 차 캐나다를 방문한 제프 멀건은 그곳에서 원순 씨를 만난다. 두 양반은 뜻이 통했는지 양해각서 MOU를 체결하고 서로 연구원을 파견하기로 합의했다고 한다.)

[영파운데이션의 활동가들]

[각종 자료와 책] 다양한 프로젝트는 책과 홍보물로 출간된다.

데모스의 이상에서 배우다

런던에서 해야 할 두 번째 임무는 데모스Demos를 방문하는 일이었다. 데모스는 희망제작소 설립이나 운영에 많은 영향을 준 단체다. 실제로 창립식에도 방문해 이런저런 조언을 해준 기관인 만큼 우리로서는 여러모로 각별한 곳일 수밖에 없다. 연구동향을 살피거나 연구 주제에 대해 아이디어를 얻을 때, 즐겨 찾는 곳 중의 하나인 데모스를 방문하게 되다니! 벌써부터 마음이 설레기 시작한다. 두근거리는 마음으로 작은 회의실에 둘러앉아 이야기를 나누기 시작했다. 의도하지 않게 대담 형식이 되었는데, 영어 실력이 모자라 깊은 이야기를 나누지 못해 아쉬웠다.

우리가 가장 궁금했던 점은 민주주의가 발달한 영국에서 '민주주의'라는 화두를 주요 연구주제로 삼은 그들의 철학이었다. 데모스의 대답은 명쾌했다. 영국에서 민주주의가 시작되고 발전한 것은 맞으나 그것은 거대한 민주주의였을 뿐, 시민의 평범한 삶에는 영향을 미치지 못한 거대 담론이었단다. 지금 데모스가 정의하는 민주주의란 일상과 직장, 가정, 이웃에서 경험하는 삶의 모든 것을 의미한다고 했다. '더 많은 민주주의, 더 가까운 민주주의, 누구에게나 보편적인 민주주의'가 데모스가 추구하는 이상이었다.

데모스에서 받은 강렬한 인상은 우리를 들뜨게 하기에 충분했다. 민주주의는 고결한 이상을 추구하거나 사회의 발전을 위해 존재하는 것이 아니었다. 민주주의는 나의 행복을 위해 끊임없이 진화하는 그 무엇이자, 다수가 주인 되는 세상을 위해 추구해야 하는 본질이었다. 민주주의라고 하면 고작 '투표'나 '데모'밖에 떠올리지 못했던 우리는 데모

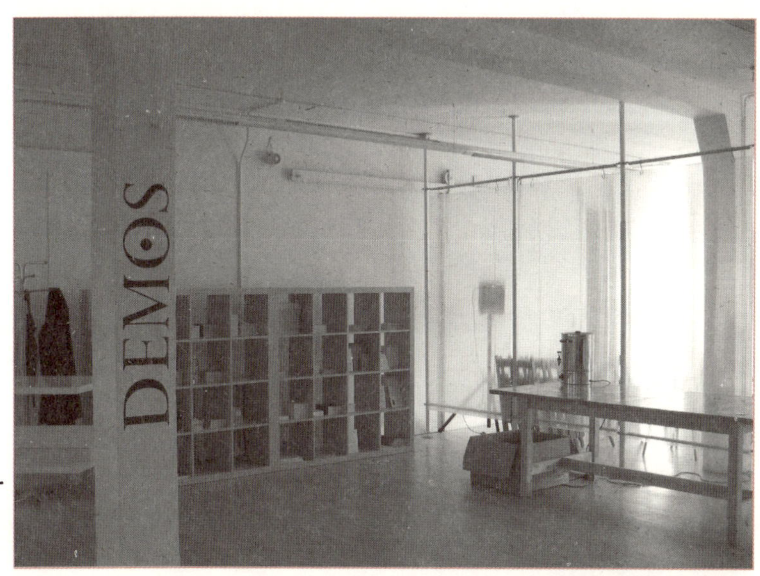

[데모스 사무실] 데모스는 6개월마다 한 번씩 자리를 재배치한단다. 이유를 물어보니 '좋은 자리 독점 금지, 서로의 일에 관심을 두기 위해, 그리고 사무실의 청결을 위해서' 라고 한다. 생활 속 민주주의란 바로 이런 것이 아닐까.

스에서 비로소 지향해야 할 바를 분명히 알 수 있었다. 민주주의는 국회나 청와대에서 이루어지는 것이 아니라 바로 내가 딛고 있는 곳에서 시작한다는 것의 의미를 알게 된 것이다.

우리가 한국에서 일상의 민주주의를 방해하는 요소 중의 하나로 과다한 노동시간을 지적했더니 영국도 마찬가지라고 한다. 노동시간은 커뮤니티에 할애하는 시간에 많은 영향을 미치는데, 특히 저소득층과 고소득층의 참여에 큰 영향을 준다고 한다. 이 두 계층은 노동시간이 평균보다 길다는 점이 공통적인데, 이는 참여에 영향을 미쳐 이들의 의견이 배제되는 결과를 가져온다고 했다. 한국에선 밤낮없이 일하면서 여름휴가도 길어봤자 일주일이라고 볼멘소리를 하니, 다들 놀라는 눈치다. 새삼 우리 현실이 서글프다.

유럽 시민사회는 깊이 알면 알수록 성숙했고 선진적이었다. 겉모습만 비교하면 우리 사회라고 크게 뒤처질 만한 것은 없어 보인다. 하지만 이들은 '사람이 중심이 되는 시스템'을 가지고 있다는 점에서 우리 사회와는 무척 달랐다. 이런 차이는 눈을 크게 뜨고 보지 않으면 보이지 않는다. 이것이 의미하는 것은 무엇일까? 답은 간단하다. 우리가 선진 사회에 진입하는 데 필요한 것은 운하를 파고 아파트를 짓는 일이 아니라, 사람이 사람답게 살 수 있는 사회를 만드는 것에 초점을 맞추어야 하는 것을 뜻한다.

국가 호감도 조사에서 우리나라가 38개국 중 32위를 했다고 한다. 평균적으로 세계인들이 우리를 바라보는 시선이 딱 이 정도라는 의미다. 세계인들은 우리를 전쟁국가, 입양국가, 엄마들의 극성으로 공교육을 망친 나라, 환경이나 국제 구호 등 돈이 안 되는 일에는 관심도 없는 나라쯤으로 치부하는 것이다. 남들이 우리를 어떻게 보는 것쯤이야 그냥 넘길 수도 있다. 하지만 '비호감'의 이유라는 것이 뼈아프기 그지없지 않은가? 경제를 살리겠다며 땅 파헤칠 생각만 하는 정권이 압도적 지지율로 들어선 사회에서 불만합창단이 과연 제 의미를 가지고 제 역할을 할 수 있을 것인가? 불만합창단이 가능할 수 있는 조건을 생각해 본다. 우리 사회에서 그것이 가능할까? 고민은 깊어만 간다.

애정을 품고 보면 새로운 것이 보인다

모름지기 도시를 알려면 걸어야 한다. 차를 타고 가면 빠르고 편하긴 하지만 그것뿐, 아무것도 느낄 수 없다. 발 딛고 서서 그곳에 머물러야만 비로소 주변 환경이 눈에 들어온다. 눈에 들어와야만 의미가 생기고, 의미를 느껴야만 기억할 수 있다. 기억할 수 있을 때야 비로소 우리는 '애정'을 가지게 된다. 도시를 기억하고 사랑하게 하는 방법은 매우 쉬운 일이다. 사람들을 걷게 하면 된다. 모든 자치단체는 관광의 기본을 '걷는 것'으로 전환해야 한다. 토목, 건축 위주의 관광 기조가 바뀌지 않는 이상, 국토는 황폐해지고 개성을 잃게 될 것이다. 매력 없는 곳에 사람들이 몰릴 리는 만무하다.

출장길에 오른 우리는 될 수 있으면 걸었다. 짧은 일정이었지만 베를린을 많이 알고, 배우고 싶다는 바람이 있었기 때문이었다. 베를린은 듣던 대로 걷기 편한 도시였다. 도보와 자전거를 이용해 도시를 관광할 수 있는 훌륭한 체계를 갖추고 있었다.

베를린에서 무엇보다 인상 깊었던 곳은 '숲'이었다. 베를린 중심부에는 건물 숲이 아닌, 진짜 숲이 있다. 거대한 숲이 도심 한복판에 조성되어 있는 것이다. '티어가르텐Tiergarten' 공원은 베를린 시민에게 맑은 공기를 제공해주는 허파와 같은 역할을 하고 있었다. 베를린 시민사회는 공원과 숲을 곳곳에 조성해놓았는데, 이는 런던 시민사회도 마찬가지였다. 런던에서 인상 깊었던 곳은 '성壁제임스 공원St. James Park'이었다. 버킹엄궁으로 가는 길에 우연히 마주친 공원이었는데, 탄성이 절로 나왔다. 너른 풀밭, 아름드리나무와 꽃들, 잔잔한 호수……. 우리를 감

탄하게 한 건 단지 멋진 조경만은 아니었다. 풀밭을 뛰어놀며 사람들과 스스럼없이 어울리는 다람쥐, 청설모, 오리, 펠리컨들의 모습은 '아름다움' 그 자체였다.

[성제임스 공원] 이번 출장에서 가장 인상 깊었던 장소를 꼽으라면 이곳이 아닐까 싶다.

대도시가 그렇듯 유럽 시민사회의 삶 역시 서울과 비슷하다. 교통 체증을 겪으며 출근하고, 와글와글 사람들 틈에서 경쟁하다가 저녁에 퇴근해서 하루를 마감하는 단조로운 일상. 겉으로 보기에는 그들이나 우리나 다를 바 없어 보였다. 그러나 조금 다가가 보니 다른 점이 분명히 있었다. 이들은 잠시나마 삶의 무게를 덜어놓고 동물과 교감하고 사람과 자유롭게 이야기를 나눌 수 있는 공간이 있었고, 이를 누릴 수 있는 여유가 있었다. 마음의 여유나 한가로움은 부유층이나 고소득자만 누릴 수 있는 사치재가 아니라, 평범한 도시 노동자가 마땅히 누려야 하는 권리이자 일상적 삶의 요소라는 것을 이곳에 와서 분명히 알 수 있었다. 어디로 가는지도 모른 채 그저 달리는 우리는 누구일까? 방향 없는 질주는 세계 최고 수준의 자살국가라는 불행만을 안겨주고 있을 따름이다.

좋은 시스템은 사람중심의 철학에서 나온다

　　서울보다는 좀 덜한 것 같긴 했지만, 런던 역시 교통량이 많은 도시라 교통체증은 만만치 않았다. 도로 폭이 좁고 구불구불한 점이 체증을 유발하고 있었다. 보도의 폭을 줄이고 차도를 넓힐 만도 한데, 여기선 그렇게 하지 않는다. 런던의 교통 체계는 자동차가 아니라 사람이 우선이었다. 런던 시민은 위험하지 않다고 판단하면 무단횡단을 일삼는다. 신호등은 있으나마나 한 존재였다. 이곳 사람들은 어디까지나 교통 신호는 사람을 위해 존재한다고 믿고 있었다. 사람과 차가 뒤엉켜 있는 모습도 흔히 볼 수 있는 풍경이다. 그렇다고 기사들이 거리의 무법자(?)들을 향해 욕을 하거나 위협적인 경적을 울리는 일은 없다(런던에서 닷새를 머무는 동안 우리는 경적 소리를 딱 한 번 들었다). '라운드어바웃Round about'이라는 신호체계도 사람중심의 교통 철학을 보여주는 단면이다. 라운드어바웃이란 사거리에 있는 원형의 화단을 중심으로 차례차례 흐름을 타고 원하는 방향으로 진입하는 시스템을 의미한다. 언뜻 위험해 보이지만 서로 신뢰하기만 한다면 오히려 빠르고 안전하다.

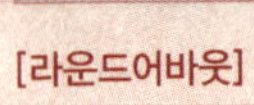

[라운드어바웃]

사진: http://www.flickr.com/photos/mcdemoura/4056023501

　　영국의 대중교통이 기계 신호보다는 사람에 대한 신뢰를 기반으로 움직이는 것이 가능한 것은 시민의식 때문일 수도 있으나, 애초부터 교통체계 자체가 '사람'을 우선순위에 두고 설계되었기 때문이다. 보도에 인접한 신호등 위치를 봐도 그렇다. 우리나라에는 건널목 너머 멀찍이 있는 데 비해, 런던의 신호등은 건널목 지점에 설치해놓았다. 만약 운전자가 안전선(정지선)을 지나치게 되면 신호등이 운전석 천장에 있게 되니 운전자가 볼 수 없다. 당연히 운전자들은 신호를 보기 위해서라도 안전선을 지킬 수밖에 없다.

　　시스템은 기술이나 자본에서 나오는 것이 아니라 철학에서 나온다고 생각한다. 사람중심의 도시가 따로 있는 것이 아니다. 우리 현실을 돌아보자. 대도시를 조금만 벗어나면 차도만 있고 보도가 없는 곳이 허다하다. 몇 가구 살지도 않는 시골길에서 자동차 때문에 발생하는 사망사고가 잦은 이유는 무엇일까? 우리에게는 사람중심의 길과 교통체계를 만들 수 있는 충분한 기술과 자본이 있다. 부재한 건 '철학'이다.

[영국의 건널목]

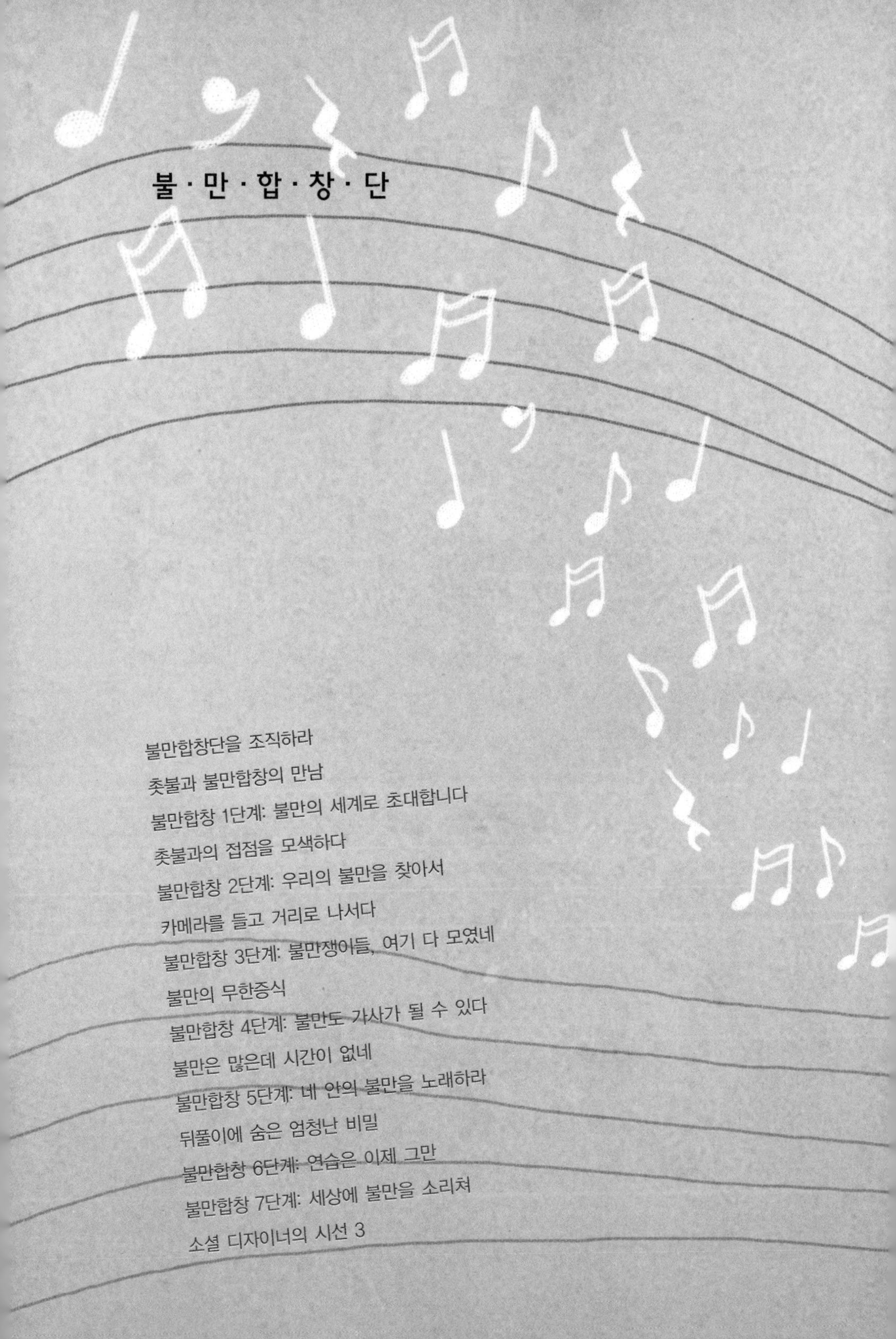

불·만·합·창·단

3부

불만합창, 현실에 다가서다

불만합창단을 조직하라

　어느 정도 자신감을 얻고 출장에서 돌아오자마자 우리는 본격적으로 불만합창단 준비를 시작했다. 홍보계획을 세우고 웹 페이지도 만들었다. 설명회 때 배포할 자료집을 만들려고 세계 각 도시 불만합창단의 가사도 다시 번역하고, 홍보 영상을 만드는 등 준비에 만전을 기했다. 불만합창단을 조직할 단체의 범위는 어떻게 정할지 불만합창 페스티벌을 어떤 식으로 구성할지에 대한 내부 논의는 계속하고 있었지만, 어쨌든 불만합창단이라는 배를 출항시킨 셈이었다.

　2008년 5월 29일. 드디어 불만합창단 설명회를 열었다. 국내에서 처음으로 불만합창단을 알리는 공식 행사였다. 더 많은 이들이 참여하기를 바라는 마음에 쉴 새 없이 팩스와 메일을 보내고 전화를 걸었다. 보도자료를 본 기자들과 방송사의 전화가 쉴 새 없이 걸려왔을 정도로 언론의 관심은 뜨거웠다. 여러 시민단체에서 참여 의사를 밝혔을 뿐 아니라 평범한 시민도 설명회에 참여하는 등 관심을 보인다는 점이 긍정적이었다. 불만합창단에 관심이 있을 만한 친구가 있다며 프로젝트를 시작할 때 꼭 연락해달라는 사람도 있었다(이분은 멋대로 불만합창단원으로 참여했다).

약 두 시간가량 진행한 불만합창단 설명회를 끝내고 자리에 돌아왔다. 몇 주간 애썼던 일이 무사히 끝난 것에 대한 안도감 때문인지 갑자기 피곤함이 밀려왔다. 그 즈음, 쇠고기 고시가 결국 강행되었다는 소식이 들어와 있었다.

촛불과 불만합창의 만남

미래의 어느 해에 우리는 지난여름을 이렇게 추억할지도 모르겠다.
'참 즐거운 싸움이었다'고.
'그 자리에서는 누구나 주인공이 될 수 있었다'고.

미국산 쇠고기 수입 문제로 촉발된 촛불집회라는 이 유쾌한 반정부 투쟁은 그 시작과 끝이 어떻든 간에 우리 사회에 깊은 울림과 자극을 주기에 충분했다. 촛불을 들기 전에는 우리가 이토록 재기 발랄하고 개성 있는 존재였다는 것을 몰랐다. 그런 의미에서 촛불은 일종의 저항성을 띤 시민 축제가 아니었나 싶다.

여중생들이 결집해 촛불을 들고 나서야 어른들이 거기에 동참했다는 점은 많은 것을 시사한다. 새로운 '시민'이 출현했음을 알리는 것이자, 전혀 새로운 판의 시민사회가 전개될 것이라는 일종의 지표이기 때문이다. 촛불을 주도한 이 젊고 유쾌한 세대는 누굴 가르치려 하거나 유식한 체하는 것을 '후졌다'고 생각한다. 표현도 간단명료하다. '쩐다~'라는 이 한마디로 상황을 정리해버린다. 이들은 한 손에는 휴대전화를 들고 노트북이 든 가방을 메고 부지런히 돌아다니며, 콘텐츠를 생산하고 공유하는 일에도 익숙하다. 네트워크를 통한 소통은 이들의 정체성이자 강력한 힘이다. 이들 때문에 한국 역사상 가장 광범위하고 깊은 수준에서 개인의 '미시사微示史'가 찬란하게 펼쳐지고 있다. 이들은 '자신'와 '타인'의 생활이 크게 다르지 않음을 알고 있고, 이를 공감하고 표현하는 능력 또한 탁월하다. 소극적으로는 일촌 맺기를 요청하거나 '신도'임을 자처하면서, 적극적으로는 온·오프라인 모임을 조직해 활동하기도 한다. 거리를 가득 메웠던 '화장빨' '82쿡' '쌍코' '소울 드레서' 같은 재미난 이름의 깃발들은 다 그런 식으로 형성된 공동체였다.

만약 촛불이 젊은 세대만의 향연이었다면 그냥 이런저런 세상일 중 하나로 치부됐을지도 모른다. 촛불이 이토록 커진 것은 기꺼이 동참하고 자연스럽게 합류한 기성세대들이 있었기에 가능했다. 미리 계획한 동선과 결사항쟁 구호에 익숙한 '올드 보이' '올드 걸'들은 새로운 판의 시위에 당황했으나 곧 적응해나갔다. 삼삼오오 모여 앉아 '짭새'에게 쫓겼던 이야기, '지랄탄'에 맞아 병원에 갔던 옛 기억을 추억하며 지금 눈앞에 벌어지는 상황에 신기함을 감추지 못했다. 그러다 마침내 자신들이 이 거리에서 그토록 외쳤던 '사람 사는 세상'의 모습이 바로 이런 것이 아니었을까 하는 생각에 미치자 그들은 감동했고 다시금 힘을 내기 시작했다.

촛불은 내면뿐 아니라 외형적으로도 훌륭했다. 그 많은 사람이 평화롭게 어울려 집회를 마쳤고 안전하게 귀가했다(문제가 생기기 시작한 건 경찰이 진압하면서부터였다). 시위 참가자들은 자발적으로 규칙을 만들어 이를 지켰다. 리더 없이도, 지도부 없이도 시민은 각자 소속된 모임에서 제각각 목소리를 높였다. 깃발의 다채로움 역시 시민사회가 변화했음을 알려주고 있었다. '~연대' '~총연맹' 식의 거대 조직의 깃발은 찾아보기 어렵고, '~동 모임' '~생협' '~센터' 등 온·오프라인 지역 공동체를 중심으로 깃발들이 나부꼈다.

> **현지 생각 :** 이 놀라운 광경은 시대가 어느 방향으로 흘러가고 있는지를 나타내는 지표였다. 대학 새내기 시절, 마스크를 쓰고 스크럼을 짜고, 깃발을 따라 죽도록 뛰었던 모습이 그곳에는 없었다. 내가 운동권이 되지 않았던 것은 숨 막힐 듯 강고한 운동 방식과 규모에 질리고, 우릴 구속했던 규율과 그것을 가능하게 만든 권위가 싫어서였다. 어느 날 나는 촛불의 물결 안에 서 있었다. 다른 세상이 오지 않을 것이라 단정했던 내 생각을 수정해야만 했다. 동시에 불만합창단이 한국사회에서 성공하기 어려울 것이라는 생각도 수정해야만 했다. 시간은 그저 흐르기만 한 것은 아니었다.

개인은 주체로 성장했고, 생각을 표현하고 있었다. 개인의 건강 문제가 한미동맹보다도 국가신인도보다도, 자동차 수출보다도 중요하다고 외치고 있었다. 삭발을 하고, 머리에 띠를 두르고 화염병을 던지지 않아도 신나게 놀면서 요구할 것을 다 외치고 있었다. 정권의 무능함은 타도의 대상이 아니라 조롱과 비꼼의 대상이었다. 이 힘 있고 놀라운 새 흐름을 읽지 못한 정권은 제대로 대응하지 못한 채 우왕좌왕할 뿐이었다.

시민사회진영도 흐름을 제대로 못 읽기는 마찬가지였다. 시민다운 시민이 없다며 한탄하고 자조하는 사이, 시민과 활동가 사이에 장벽이 생겨버렸다. 하지만 촛불시위는 누구나 주인공이 될 수 있는 미덕을 가지고 있었다. 이 열린 공간에서 주인공으로 서지 못한 주체는 시민사회진영밖에 없었다. 초기에는 촛불의 흐름에 끌려 다니다가 끝 무렵에는 선량한 시민을 폭도로 만든 주범이라는 누명을 뒤집어썼다. 이건 정권을 탓할 문제가 아니라 시민사회진영의 통렬한 자기비판이 필요한 일이라고 생각한다.

 : 불만합창단이 성숙한 시민사회에서만 가능할 것이라는 생각에는 변함이 없다. 다만 우리 사회가 불만합창을 받아들이고 향유할 만한 역량이 부족하다고 생각했던 건 답답하고 갑갑한 편견이었다. 새 술은 새 부대에 담아야 하듯 시민사회진영도 새로운 시각과 방법으로 재정비하고 시민의 생활 속으로 들어가야 한다. 시민사회진영이 시민과 호흡할 수 있는 능력과 역량은 충분하다. 다만 아직 알아차리고 있지 못한 것이 아쉬울 뿐. 그건 시민활동의 강고함과 강직성에서 비롯한 것이 아닐까.

촛불시위는 굉장히 훌륭하게 전개되었지만 소기의 성과를 거두지는 못했다. 본질은 접어두고 폭력이니 비폭력이니, 불법시위라느니 등의 지엽적인 문제가 촛불의 힘을 잠재워버린 것이다. 왜 그랬을까? 시민사회의 폭발적인 에너지를 모아주고 중재하고, 방향을 환기하는 이가 없었기 때문이다. 새로운 시민사회에는 거대한 에너지를 좀 더 집중력 있고 효과적으로 분출할 수 있도록 하는 '중재자'가 필요하다. 시대의 변화는 투쟁가로서의 시민사회진영의 '활동가'가 아니라, '코디네이터'로서의 '활동가'를 요구하고 있었던 것은 아닐까.

불만합창 1단계: 불만의 세계로 초대합니다

관심 있는 사람들이면 누구나 불만합창단을 만들 수 있다. 그렇지만 '자, 이제 여러분이 만드세요'라고 앉아서 마냥 기다릴 수만은 없는 일이다. 우리는 불만합창단을 조직할 만한 대상으로 먼저 시민사회단체를 꼽았다. 특히 오랫동안 지역에 터를 잡고 주민과 함께 '살고 싶은 동네'를 만들려고 힘써온 지역의 주민운동 단체에 불만합창단을 알리고 조직하도록 권유했다.

전북 익산에서 시민의 참여로 지역공동체를 만들어가는 익산희망연대는 사회창안 네트워크를 통해 친분을 유지하고 있던 곳이다. 익산 희망연대를 직접 방문해 불만합창단을 설명하고, 또 어떻게 꾸려야 참여가 쉬운지를 이야기한 것이 계기가 되었는지, 그곳은 가장 먼저 참여 의사를 밝혔다.

관악사회복지는 우리가 불만합창단 설명회를 개최하기 바로 전날, 원순 씨가 지역순례 일정으로 그곳을 찾으면서 연이 닿았다. 1995년부터 관악구에서 주민과 함께 지역운동을 해온 관악사회복지는 불만합창단과 딱 어울리는 곳이었다. 관악사회복지 여러분이 흔쾌히 참여하겠다는 의사를 밝혔다. 불만합창단을 알아보는 눈은 역시 따로 있다.

장애여성공감은 지역운동단체는 아니지만 '장애여성운동'을 하는 곳이다. 자신들의 목소리를 담은 퍼포먼스와 성폭력 상담, 장애여성 창업 등 인상 깊은 일들을 해왔다. 장애가 있는 여성으로서 중첩된 질고와 불만을 불만합창 페스티벌에서 재미있게 풀어보자는 제안을 받아들여 참여했다.

자발적으로 참여 의사를 밝힌 팀도 있었다. 유럽 출장을 가기 전, 시민사회연대회의 주소록을 보고 불만합창단에 관심을 보일만한 단체에 포스터와 소개 자료를 우편으로 발송했다. 여름휴가를 다녀오니 "진주여성민우회, 불만합창 페스티벌 참여 희망"이라 적힌 메모지가 붙어 있었다. 놀라운 일이었다. 경남 진주의 풀뿌리 여성운동단체인 민우회와는 거리가 있어 직접 얼굴을 맞대고 준비하지 못했지만, 우편 발송 작업이 헛되지 않았다는 사실이 기뻤고, 처음 시도하는 일에 선뜻 참가 의사를 밝혀준 것에 감사했다.

8월 중순 무렵, 촛불 누리꾼들이 희망제작소를 찾아왔다. 촛불시위에 꾸준하게 참여하던 누리꾼들이 온라인을 통해 '촛불 누리꾼 협의체'를 만들었고, 희망제작소와 함께 할 일이 없을까 해서 찾아왔다. 기막힌 타이밍이었다. 우리가 불만합창단을 제안하자 누리꾼들은 재미있다며 참여를 결정했다.

추계예술대는 좀 특별한 사례였다. 판화과 프로젝트팀이 서울시 공공갤러리 프로젝트의 일환으로 이미 불평합창단(이 팀은 불평합창단으로 불리길 원했다)을 준비하고 있었다. 북아현동에서 주민과 함께 소규모로 불평합창단을 조직한다는 것이었다. 희망제작소 공공문화센터 팀장에게 그 소식을 전해 듣고, 담당자에게 전화를 걸어 함께 하고 싶다는 의사를 전했다. 일종의 연대라고나 할까? 여러 차례 의견을 조율해 추계예대 팀도 함께하기로 결정되었다.

봉천동 드림한누리 공부방은 5, 6학년 여학생들로 구성된 '최연소' 불만합창단으로, 관악사회복지의 권유로 참가한 팀이었다. 9월 초에 합류가 결정되어 다소 늦은 감이 없지 않았으나, 소녀 특유의 발랄함과 되바라진 시선으로 톡톡 튀는 불만을 보여줄 것으로 기대되었다.

그밖에 진보성향의 단체 및 정당에서도 참여 의사를 밝혀왔지만, 페스티벌 성격상 참가자가 없으면 지속할 수 없는 프로젝트였기 때문에 중간에 아쉬운 불참 소식을 전해오는 곳도 많았다. 그럴 때마다 가슴이 덜컥덜컥 내려앉았다. 불만합창 페스티벌에 참여하기로 한 단체는 9월

첫째 주까지 늘어났다 줄어들기를 반복했다. 어느 팀이라도 막판에 도저히 못 하겠다고 할 수 있었기 때문에 이들을 끝까지 끌고 가는 것이 우리로서는 최대의 관건 중 하나였다.

페스티벌 참가 마지막 팀으로 희망제작소가 온라인을 통해 조직한 서울 멋대로 불만합창단이 있었다. 이 팀은 애초에 조직할 생각이 없었지만 어쩌다 보니(자세한 얘기는 다시 다루겠지만) 만들게 됐는데, 참여하는 분들이 엄청난 에너지와 집중력을 보여 진행하는 우리를 깜짝 놀라게 했다.

촛불과의 접점을 모색하다

촛불이 점점 확산하자 희망제작소에도 들뜬 분위기가 조성되었다. 역동적이고 새로운 시민활동의 동력을 경험한다는 것 자체가 즐거운 일이었다. 이 도도한 촛불의 흐름에 발맞춰 희망제작소에서 뭔가 할 수 있는 일이 없을까 고민하다가 불만합창단을 미리 선보이면 어떻겠냐는 이야기가 나왔다. 불만합창 페스티벌까지는 3달여의 시간이 남아 있었는데 불만합창 포럼, 불만합창에 관한 책 발간, 다큐멘터리 등 공백을 메우기 위한 많은 아이디어가 나왔다. 불만합창단을 촛불시위에서 맛보기(파일럿) 프로그램으로 운용해보면 사람들의 반응도 미리 예측할 수 있는 데다 불만합창단의 성격이 촛불시위와 잘 어울린다는 점 때문이기도 했다.

막상 불만합창단을 시도하려니 걸리는 일이 많았다. 집회현장에서 급하게 불만합창단을 만들게 되면 제일 중요한 구성원들의 토론과 합의 과정이 무시되기 쉬웠다. 즉석에서 사람들의 불만을 받아 합창단원을 구성하고 노래로 만들어 부르는 일이 왠지 즉석제품을 만드는 일에 가깝다는 생각이 들었다. 아직 불만합창단을 조직하는 것에 관한 경험이 부족하다는 점도 부담이었다. 이런저런 고민 끝에 불만합창단이 희망제작소에 정치적 부담으로 작용하거나 이런 시도가 불만합창 페스티벌 자체에 영향을 주어서는 안 된다는 판단을 내리고 안 하는 것으로 결론지었다. 이 결론에 도달하기까지 우리는 여름 내내 회의실에서 지겨운 논의를 되풀이했다.

 혜연 생각 : 희망제작소는 시민사회진영에 기반을 두고 있지만 연구기관이기 때문에 가능하면 중립적이고 객관적인 위치를 지키려고 노력해왔다. 여러 사업 파트너의 관계를 고려해야 한다는 것도 이런 입장을 취하는 이유 중의 하나다. 이런 점 때문에 안팎으로 비판을 받기도 했다. 이제 2년이 갓 넘은 조직이 생존하려면 어쩔 수 없는 부분이 있다고는 하지만 너무 몸을 사리는 것 아닌가 싶기도 했다. 그래도 이런 일은 선배들의 경험과 판단을 존중해야 한다는 생각이 들었고, 제작소가 본연의 목소리를 내기 위해서는 많은 준비와 역량 함양이 필요하기 때문에 잠시 물러서기로 했다.

이런 논의들이 적어도 무의미한 것은 아니었다. 논의의 결과로 불만합창단 다큐를 만들기 위한 촬영팀이 구성되어 활동을 시작했고 불만합창단을 구성하고 진행하는 과정을 담은 책(바로 이 책이 그 결과물이다)의 사전 작업도 시작되었다. 불만합창 페스티벌이 열리기 전까지, 수면 위로 드러난 구체적인 액션은 없었다. 그러나 여유롭게 수면을 유영하는 오리가 물 아래에선 물갈퀴를 바삐 움직이듯, 우리는 준비에 눈코 뜰 새 없이 바쁜 나날을 보내고 있었다.

불만합창 2단계: 우리의 불만을 찾아서

불만합창단을 구성하는 첫 단계는 불만을 모으는 일이다. 우리는 포털사이트 다음Daum에 불만을 적어 올리는 게시판을 만들었다. 한국에서 인터넷을 쓰는 사람들이라면 적어도 한 개의 아이디를 가지고 있다는 다음에 불만 접수창구를 만들어놓으면 누구나 접근할 수 있고 불만도 쉽게 적을 것으로 생각했다.

포털사이트에 불만 접수창구를 만든 데에는 익산 희망연대의 조언이 결정적 영향을 주었다. 우리가 익산 희망연대에 불만합창단 조직을 제안했을 때, 이들이 우려한 점은 사람들의 참여였다. 그 때문인지 많은 사람이 쉽고 편하게 참여하도록 희망제작소가 포털사이트를 이용해 만들면 좋겠다고 역제안을 했다. 흔쾌히 제안을 받아들이긴 했지만, 한편으론 걱정되었다. 우리가 감당 못 할 정도의 불만이 접수되고 합창단원 신청자 수가 엄청나면 어떻게 하지? 신청자와 불만을 어떻게 각 지역으로 연결할 수 있을까? 일어나지도 않은 일을 가지고 몇 날 며칠을 끙끙댔다. 8월 4일에 불만 접수 게시판을 열었는데, 하루 방문객 수가 10명이 넘으면 반가울 정도로 호응이 없었다. 역시 기대가 너무 컸던 탓일까. 통제할 수 없을 정도로 불만이 쏟아질 거라 예상하며 세웠던 온갖 계획이 무색해지는 순간이었다.

불만합창단 게시판을 통해서 모이는 불만의 '질'에 잠시 기뻐하다가도, 그 '양'이 부족한 데 대해 실망하기를 반복하는 날이 계속 되었다. 이미 접수된 불만으로도 노래 하나는 충분히 만들 수 있겠지만 이렇게 물러설 수는 없었다. 도대체 무엇이 문제일까? 불만합창단이 뭔지 잘 몰라서? 홍보가 잘 안 돼서? 아니면, 게시판에 접근하기가 어려워서?

냉철하게 분석해보니 모두가 정답이었다. 불만합창단을 더 많은 사람한테 알리기 위해서는 특별한 전략이 필요했다. 우리는 거리에서 사람들을 만나 불만합창단을 홍보하고, 이들의 불만을 담아 재밌고도 감동적인 불만합창 동영상을 만들기로 했다.

카메라를 들고 거리로 나서다

따가운 햇볕이 내리쬐는 8월, 아스팔트도 녹아내릴 듯한 날씨에 인사동으로 나갔다. '오늘 멋지게 한 방 날려야 해. 감동이 넘치는 동영상을 찍어 올리면 불만합창단에 엄청난 관심이 쏟아질 거야.' 굳게 다짐하며 2~3일 전에 일정을 급하게 뺀 희망제작소 인턴들과 촬영에 나섰다.

거리를 오가는 사람들에게 불만합창단을 알리는 명함 크기의 홍보물을 나눠주며 무엇이 불만인지를 말해달라고 부탁했다.

"안녕하세요? 여러분의 불만을 모아서 노래로 만드는 불만합창단을 준비하고 있는데요, 요즘 어떤 불만을 품고 계세요?"

"아유, 전 불만 없어요!"

상냥하게 웃으며 다가갔지만 열의 일곱은 손사래를 치며 불만 따위는 없단다. 자연스럽게 불만이 쏟아져 나올 것으로 생각했던 것과 달리 모두가 우리를 피한다. 아, 이거 너무 처음부터 다짜고짜 들이댔나! 사람들이 불만을 쉽게 성토하지 않는 이유를 짐작해보았다. 우리 사회는 거리와 같은 공적 공간에서 '불만'을 이야기할 때, 대개 개인적인 불만보다는 사회적인 불만을 토로해왔던 것과 무관하지 않을 것이라는 생각이 들었다. 그도 그럴 것이 거리에서 울려 퍼지는 불만은 곧 사회에 대한 '투쟁 구호'가 아니었던가.

길에서 카메라와 마이크를 들이대며 불만이 뭐냐고 물어보니, 촛불 집회를 어떻게 생각하는지, 엠비MB정부의 경제정책을 어떻게 생각하는지, 요즘 사회 돌아가는 꼴을 어떻게 보고 있는지, 뭔가 그럴싸한 불만을 이야기해야 한다고 생각한 것은 아니었을까? 아니면 질문을 하는 우리에게 내밀한 불만을 이야기해도 괜찮을지, 내부 검열을 하지는 않았을까?

어쨌든 우리가 거리에서 모은 불만은 아래와 같다.

 - 급식이 맛없어요!

 - 키가 안 커요.

 - 인사동 거리에 차가 다녀 불편해요.

 - 종교편향적인 대통령이 불만이에요.

 - 장사가 너무 안돼요.

 - 난 왜 친구가 없는 걸까. 친구를 사귀고 싶은데 잘 안돼요.

 - 담임선생님이 지각하면 10분에 천 원씩 받아요.

 - 대학 등록금이 너무 비싸요.

 - 야간 자율학습 좀 빼주세요.

 - 머리 볼륨 만드는 게 너무 힘들어요.

 - 나 좀 내버려둬~!

 - 촛불 때문에 길이 막혀 택시운전을 할 수가 없어.

 - 쌍둥이용 유모차가 들어가는 엘리베이터가 없어요. 애만 많이 낳으라고 하
   면 뭐해?

 - 친구 놈은 왜 매일 약속에 늦으면서 미안해하지 않는 걸까?

 : 지난 대선 때 엄마와 나눈 대화가 생각난다. "엄마, 난 정말 뽑을 사람이 없어. 그냥 000칸에 커다랗게 가새표나 하고 나올까?" 반은 농담으로 던진 말에 엄마는 기겁하시면서 "애는, 누가 잡아가면 어쩌려고!" 하셨다. 투표용지에 가새표를 해봤자 기껏 무효표밖에 더 되겠는가? 비밀선거를 하는 마당에 잡혀간다니? 엄마의 반응이 우스워 깔깔대다가, 오히려 뭘 모른다는 표정을 짓는 엄마를 보며 웃음을 그쳤다. '모난 짓하면 정 맞을 수 있다'는 두려움이 여전히 남아있는 것 같아 왠지 서늘하게 느껴졌기 때문이다. '행복지수 최저'라는 대한민국에 살면서 불만이 없다며 손사래를 치는 사람들의 모습에서 엄마와 나눈 대화가 떠오르는 것은 그저 우연한 일치였을까.

우리가 카메라를 들고 인사동, 종로, 청계천, 대학로를 누비던 그날, 부시 대통령이 방한했다. 이명박 대통령은 청와대에서 미국산 쇠고기로 오찬을 했다고 떠들썩하게 발표를 했고, 부시 방한에 맞춰 대규모의 촛불집회가 예정되어 있었다. 경찰은 갑호 비상령을 선포하고 촛불시위대를 대상으로 색소를 탄 물대포를 사용할 것이라고 공언했다. 오후가 되자 종로, 청계천 등 시내에 전경차가 속속 결집하면서 긴장이 감돌았다.

종일토록 시내를 누비며 많은 사람을 만났지만 재미있으면서도 감동적인 동영상을 만들 정도의 촬영 분량을 채웠는지 자신이 들지 않았다. 잠시 고민하다가 지금 시청으로 간다면, 대한민국 최고의 불만쟁이들이 모여 있을 거라는 생각이 들었다.

"촬영 분량이 좀 모자랄 것 같은데, 시청으로 가는 게 어때요? 사람도 많고, 재미있는 불만도 꽤 나올 텐데요."

"글쎄요……."

"왜요? 얼마나 불만이 많겠어요. 한번 가봐요. 일단 사람들도 많다니까."

"한쪽의 불만만 담는 건 이번에는 안 했으면 좋겠어요."

"그게 왜 한쪽의 불만이에요? 지금 이 시기에 촛불집회에 참여하는 사람들의 불만을 빼는 게 더 이상하지 않아요?"

"네, 무슨 말씀인지는 알아요. 하지만 자칫 불만합창단이 촛불시위 참가자들의 합창단으로 비치지 않을까요? 그게 좀 걱정이 되네요."

2008년 8월, 정치적으로 어수선한 한국의 상황을 이야기하면서 촛불을 의도적으로 피한다면, 그것 또한 한쪽 눈을 감아버리는 것 아닌가. 불만합창단은 모든 불만에 열려 있어야 한다고 우리가 먼저 주장하지 않았나? 하지만 희망제작소 객원연구위원으로 함께 촬영에 나섰던 박성진 선생님은 마음이 시청 광장 한 구석에 가있는 나를 붙잡았다. 내키진 않았지만, 불만합창단이 모든 불만에 열려있기 위해서 지금만큼은 특정 종류의 불만을 담지 말자는 의견에 동의했다. 불만합창단이 촛불과 일치될 때 다른 목소리, 다른 불만이 담길 수 있는 여지가 줄어들 것은 자명했기 때문이었다.

거리마다 빽빽이 들어찬 전경과 촛불을 들고 하나둘 모여드는 시민을 보니 기분이 이상해진다. 하루 종일 걸어 다니면서 사람들을 만나 불만합창단을 알리고, 그들의 불만을 묻고 듣는 과정을 세세하게 담았던 모습이 떠오른다. 불만합창단이야말로 민주주의를 학습하는 과정이라며 글을 쓰고 인터뷰를 했던 내 모습도 생각해봤다.

그런데 지금 촛불이라고 하는 민주주의 폭발이 눈앞에서 일어나고 있다. 불만합창단이 그 의미를 채 발휘하기도 전에, '아고라'와 '만민공동회'는 서울의 광화문, 시청, 종로, 그리고 광주와 부산에서 들불처럼 번지고 있다. 이 도도한 흐름 속에서 불만합창단은 과연 무엇을 할 수 있으며, 어떤 의미가 있는 것일까? 촛불시위에 동참하고 싶었지만 하루 종일 땡볕을 걸어 다닌 터라 녹초가 되어 집으로 가기로 한다. 너무 피곤해 택시를 타고 싶었지만, 집회 때문에 택시를 잡을 수조차 없다. 퇴근길 인파로 꽉 찬 2호선 안에서 덜컹덜컹 몸이 흔들린다. 뭔지 모를 생각들도 덜컹거리며 얽히고 있었다.

불만합창 3단계: 불만쟁이들, 여기 다 모였네

한 달 동안 다음에 열었던 불만 접수 게시판에 올라온 불만은 약 200여 개. 생각보다 저조하다. 불만합창을 과연 할 수 있을까? 안갯속을 헤매는 기분이다. 속이 타들어간다. 의심과 회의와 걱정 속에서도 천만다행으로 참가 신청서는 속속 들어왔다. 참가자의 면면도 다양해서 서로의 부족함을 채워갈 수 있을 듯하다.

"부족하지만 제가 작곡을 해볼게요."

"블로그에 동영상을 만들어 올리는 취미가 있어요."

"저작권협회에 등록된 작사가인데, 뭔가 도움이 되면 좋겠네요."

자기가 가진 재능을 불만합창단에 기꺼이 내주겠다는 각오였다. 이들의 호기심과 열정을 보면서 몇 달 동안 계속한 불만합창단에 대한 고민이 이제 끝나지 않을까 조심스럽게 기대해본다. 아직 명확한 답은 나오지 않았지만 어쨌든 이들과 함께 가보자며 전의를 다졌다.

사실 이제야 고백하건대, 희망제작소는 별도로 불만합창단을 조직할 생각이 없었다. 우리는 온라인으로 불만을 모아, 참여의사를 밝힌 사람들을 거주지나 일터에 따라 불만합창단을 조직하는 단체에 적절히 연결해주는 역할만 하려고 했다. 관악구에서 살거나 일하시는 분들은 관악사회복지회로, 익산 근처에 사시는 분들은 익산희망연대로 참여하게 하는 식으로 말이다.

이번에도 실제 상황은 우리의 예상을 빗나갔다. 우선 불만합창단을 조직하겠다고 신청한 단체 중에 지역을 포괄할 만한 단체가 그리 많지 않은 것이 문제였다. 온라인으로 불만합창단에 참여하겠다고 신청한 사람들은 대부분 수도권에 거주하고 있어 특정 단체로 연결을 시켜주기에는 지리적으로 너무 애매했다. 혹 연결이 된다고 하더라도 이미 오랫동안 지역운동을 해온 회원들과 불만합창 때문에 처음 만나는 분들이 쉽게 친분을 쌓을 수 있을까 하는 걱정이 들었다. 괜히 소외감을 느끼지는 않을까 염려도 되었다.

고민 끝에 우리는 희망제작소에서 불만합창단 하나를 조직하기로 했다. 지금까지 불만합창단에 대해 가장 많이 고민한 사람들은 바로 우리가 아니던가? 지역에서 알음알음으로 아는 회원들로 구성된 팀 말고, 불만합창단을 위해서 새롭게 모인 사람들로만 꾸려진 팀이 있다면 불만합창 페스티벌이라는 취지에도 맞고, 행사도 더 다채로워질 것이다. 무엇보다 그동안 책상 앞에서 고민하던 것들을 실제 부딪치며 경험할 기회도 생길 것이다.

혜연 생각 : 희망제작소를 중심으로 불만합창단을 조직하기로 한 또 다른 이유도 있다. 아무리 불만합창단이라는 프로젝트가 멋있고 의미 있다 하더라도 참여하는 사람이 없으면 무의미한 행사에 그칠 수 있다. 불만합창 페스티벌에 참여할 단체나 모임은 행사를 앞둔 시점에도 들고 나기를 반복했다. 이러한 상황에서 참여가 확실한 팀을 하

나라도 더 확보하는 것이 절실했다. 발 동동거리며 기다리느니 우리가 직접 한 팀을 만들기로 했다. 기획, 운영에도 힘이 모자라는 판에 왜 힘들게 일을 또 벌이느냐고 한 소리를 듣긴 했지만, 돌이켜보면 잘한 결정이었다고 생각한다.

9월 10일, 드디어 희망제작소를 주축으로 구성한 불만합창단의 첫 모임이 있는 날이 왔다. 어떤 분들이 오실까? 불만합창단에 어떤 기대를 하고 있을까? 우리는 준비가 다 되었나? 이런저런 걱정으로 초조한 시간을 보내고 약속한 시간이 되었다. 하나둘씩 자리가 채워지더니 어느새 세 개의 모둠을 구성했다. 모인 이들은 매우 다양했다. 고등학생에서부터 70대 할머니까지 연령대도 다양했고, 평범한 직장인에서 고등학생, 입시준비생, 대학원생까지 모였다. 출산예정일이 임박한 임산부(출산 때문에 끝까지 참여하지는 못했다)와 남편이 함께 참여했고, 시민합창단에서 활동하는 분도 친구와 함께 왔다. 친구 따라 구경 왔다가 재밌어 보여서 합류한 분도 있었다. 혼자 온 분들이 많다는 것이 좀 특이했으나, 모임을 거듭하면서 지인을 데리고 오는 식으로 불만합창단원은 계속 늘었다.

불만의 무한 증식

어떻게 불만을 모으는 것이 좋을까? 불만합창단을 만들어가며 '어떻게'는 늘 중요한 문제였다. 어떻게 말하게 하고, 어떻게 불만을 모을 것인가? 불만을 모으는 방식은 다양하다. 한 사람씩 돌아가면서 말할 수도 있고, 베를린 불만합창단 설명회에서 보았던 것처럼 메모지에 써서

벽에 붙일 수도 있고, 모두에게 종이를 한 장씩 나눠주고 각자 적게 하는 방법도 있다. 서로 모르는 사람들이 만나서 이야기를 하게 하고, 관계망을 연결해야 하는 상황에서 '어떻게'라는 방법은 늘 중요한 화두일 수밖에 없다. 효과적인 참여기법이 되려면 무엇보다 참여자들이 재미있다고 느끼게 해야 한다. 여기 모인 이들은 불만합창단에 대한 호기심과 재미있을 것이라는 기대, 뭔가 잘해 보고 싶다는 열정을 품고 온 사람들이다. 이 열정을 유지하고 확산시켜 더 큰 의미를 부여하는 것이야말로 우리가 해야 할 일이었다.

흔히 참여과정에서 간과하기 쉽지만 방법론만큼 중요한 것이 조력자facilitator의 역할이다. 조력자는 사람과 사람 사이의 상호작용이 활발하게 이루어지게 하여 창조적인 성과를 끌어내는 것을 돕는다. 참여자들이 가진 다양한 의견을 모으고, 갈등을 중재하고, 한 방향으로 논의를 끌어내도록 도와주는 일을 한다고 생각하면 된다. 사람들을 모아놓고 무턱대고 '자, 이제 말해보세요' '이제부터 참여하세요'라고 말한다고 해서 효과적인 참여가 이루어지겠는가. 조력자는 전체적인 진행을 조망하면서도 그때그때 참여자들과 함께 호흡하고 원활하게 소통할 수 있도록 유도해야 한다. 단순하게 진행을 이끄는 사회자와도 다르고, 과정을 지켜보고 나서 최종 결정을 내리는 지도자와도 다른 역할을 하는 사람이 바로 조력자다.

불만합창단을 제안한 희망제작소 연구원인 우리가 바로 그런 조력자가 되어야 했다. 이론에만 익숙했던 우리가 이런 책임을 진다는 것은 하나의 도전이었다. 참여를 이끌어내고 동기를 부여하고 거기에 재미까지 전해줘야 한다니 아, 정말이지 불만합창에 이르는 길은 멀고도 험난했다.

이런저런 고민을 뒤로하고 맨 처음 우리가 선택한 방식은 '발상 모으기brain storming'라는 토의기법이었다. 우리는 먼저 5~6명 정도의 사람을 하나의 모둠으로 구성했다. 전지를 한 장씩 나누어 준 다음 커다란 원을 그리고 그 원을 모둠 인원만큼 분할해 각 칸에 자기 이름을 써넣고, 그 안에 불만을 적도록 유도했다. 3~5분 정도 시간이 지나면 전지를 돌려, 옆 사람이 쓴 의견에 댓글을 달거나, 그 의견을 보고 생각나는 것을 마음껏 적도록 했다. 이런 발상 모으기 방법에는 네 가지 원칙이 있다.

1. 다다익선 ─ 많으면 많을수록 좋다. 떠오르는 불만을 무조건 쓰면 된다.
2. 질보다 양 ─ 잘 쓰려고 하지 말고, 일단 많이 쓰는 것. 근사한 불만이란 것은 애초부터 존재하지 않으니까.
3. 컨닝 장려 ─ 남들의 불만을 많이 베끼다 보면 내 불만도 생각난다.
4. 비판금지 ─ '무슨 이런 불만이 다 있어' '이것도 불만이라고 적었느냐' '네 불만은 왜 이래' '이건 너무 사소한 거 아냐'라고 하지 말 것. 불만합창은 모든 불만에 열려 있으니까.

사람들에게 원칙을 설명하고 불만을 적도록 했다. 펜을 손에 쥔 순간, 약간 머뭇거리는 듯하더니 금세 열심히 뭔가를 쓰기 시작했다. '컨닝 장려'라는 원칙에 힘입어 옆 사람이 쓴 불만을 읽고, 얘기를 나누고, 또 옆 사람 쪽으로 팔을 뻗어 불만에 댓글을 단다. 몸을 부대끼니 옆 사람의 생각이 이해되고 덩달아 웃음도 난다. 커다란 전지가 이내 까만 글씨로 빽빽하게 덮이기 시작했다. 정해진 시간인 10분이 넘어가는데도

[전지에 가득 쌓인 불만들] 불만이 짧은 시간 동안에 무한 증식하는 것을 지켜보며 성공하리란 예감이 스쳤다.

펜은 멈출 줄 몰랐다. 거침없이 불만이 쌓였다. 그 불만을 읽고 웃음을 터뜨리고 댓글을 달면서 불만은 무한 증식하고 있었다. 신기하다. 불만이 쌓여가는 데 이토록 즐겁다니. 약 15분 동안 총 215개의 불만이 쌓였다. 한 달 동안 다음 게시판을 통해 접수된 불만에 맞먹는 수치였다.

각 모둠에서 한 명씩 나와 어떤 불만들이 나왔는지 발표했다. 불만의 범위와 깊이, 표현의 기발함에 서로서로 찬사를 보내며 즐거움은 더욱 커졌다. 뭔가 될 것만 같은 기분 좋은 예감이 들었다.

눈에 띈 불만

- 바지 살 때마다 길이를 고쳐야 해.

- 대통령은 리콜이 안 되나?

- 혼자 사는 것도 서러운데 왜 솔로들이 세금을 더 내야 돼?

- 한 남자 혹은 한 여자랑만 사는 건 너무해.

- 회식은 만날 술. 폭탄주 자기는 못 마시면서 후배는 원샷 하래.

- 난 솔직한 것뿐인데 자꾸 나보고 기 센 여자라고 하네?

- 옆집 아저씨, 알람 좀 끄고 출근하세요.

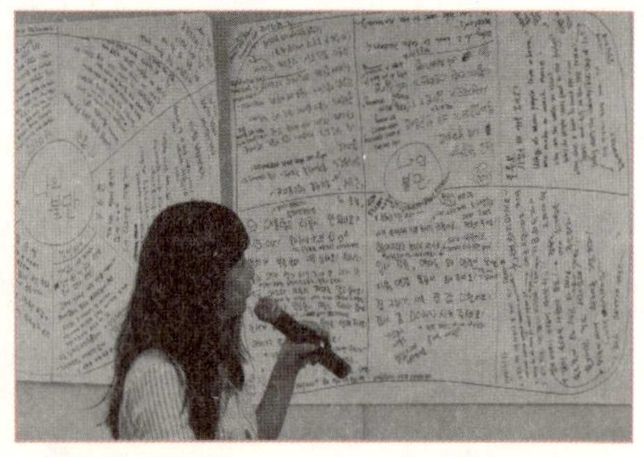

[모둠별 불만 발표]

불만합창 4단계: 불만도 가사가 될 수 있다

두 번째 모임. 우리가 부를 가사가 될 불만을 정하는 날이다. 불만합창단을 만드는 과정 중 가장 중요한 부분이라 어떻게 진행을 해야 할지, 잘할 수 있을지 떨리고 걱정이 되기 시작했다. 과연 낯선 사람들끼리 모여서 즐겁고 자유롭게 얘기할 수 있을까?

혜연 생각 : 다 잘될 거라는 대책 없는 낙관으로 일관했지만, 막상 가사를 정하는 모임 날이 다가오자 하루에도 몇 번이나 마음이 쿵 하고 내려앉았다. 앞에서 사회를 보기보다는 앉아서 열심히 떠드는 쪽에 속했던 나는 토론을 이끌어야 하는 역할이 부담스러워 죽을 지경이었다. 그렇다고 걱정되었던 것은 진행 미숙에 대한 두려움이 아니었다. 행여나 토론이 썰렁하거나 재미가 없어서 다음부터 사람들이 안 나오면 어쩌나 하는 것이었다. 사람들의 참여 없이 불만합창단은 불가능하기 때문이다.

걱정을 일단 뒤로 하고 토론할 방식을 정하는 것이 시급했다. 첫 번째 모임을 마쳤을 때만 해도 '다음 번 모임 역시 우리가 베를린에서 본 것처럼 하면 되겠지' 하는 정도로 생각하며 희희낙락하고 있었다.

"혜연, 아무리 줄여 봐도 더 이상은 안 되겠는데……?"

400개가 넘는 불만을 엑셀에 넣고 분류작업을 시작한 완규 씨♪가 불만의 범주를 더는 줄일 수 없다고 선언했다. 불만의 영역이 너무 넓어서 아무리 큰 범주를 잡아 분류를 해도 어쩔 수 없다는 얘기였다. 불만

♪ 사회창안주간 행사를 위해 긴급 투입된 흑기사. 불만합창 페스티벌을 함께 준비했다.

합창단 안내서에 나온 대로 범주에 따라 모둠을 나누었다가는 한 사람이 한 범주씩 맡아야 할 판이었다. 올리버와 텔레르보가 제시하는 불만합창단 안내서는 헬싱키 불만합창단처럼 아흔 명이 넘는 사람이 모이는 규모에 최적화된 방법이었다. 스물다섯 명 남짓한 우리에게는 우리만의 방식이 필요했다. 실제 삶은 '교범'처럼 되지 않는다는 것을 또 한 번 실감했다.

이런저런 고민을 하다가 우리는 접수된 모든 불만을 참여자 전원에게 똑같이 주기로 했다. 불만의 범주에 따라 모둠을 나누는 대신, 참여자들을 세 모둠으로 나눠서 모둠 별로 노래하고 싶은 약 30~40개의 불만을 정하도록 했다. 세 모둠에서 공통으로 뽑은 불만을 우선해서 가사에 포함하고 조금이라도 이견이 있는 불만에 대해서는 토론을 진행하기로 했다. 공통된 것들을 고르고 엇갈린 불만에 대해서는 다른 생각들을 충분히 듣기로 한 것이다.

모둠마다 간단한 먹을거리와 음료수, 맥주도 조금씩 갖다 놓았다. 혹시나 분위기가 썰렁해지면 술 한 잔씩 걸치고 얘기를 해보라는 뜻에서다. 가벼운 알코올 기운이 가로막힌 벽들을 가볍게 넘게 해줄 것이라 기대하면서 말이다. 그 기대는 적중했다!

불만은 많은데 시간이 없네

시간이 지날수록 모임장소인 희망제작소 2층 '희망모울'이 시끄러워지기 시작했다. 사람들은 각자 마음에 드는 불만을 이야기하고 왜 이 불만을 노래하고 싶은지 말했다. 나머지 사람들은 경청했다. 자못 진지

한 장면이었다. 모둠에 따라 불만을 정리하는 방식도 각양각색이었다. 투표로 불만을 정하는 모둠이 있는가 하면, 불만에 점수를 매기고 이를 합산해 정하는 모둠, 구성원이 원하는 모든 불만을 다 적고 그것도 모자라서 아예 새로운 불만을 더 적어내는 모둠도 있었다.

누가 시키지도 않았는데 각자 역할을 나눠 누구는 정리하고, 누구는

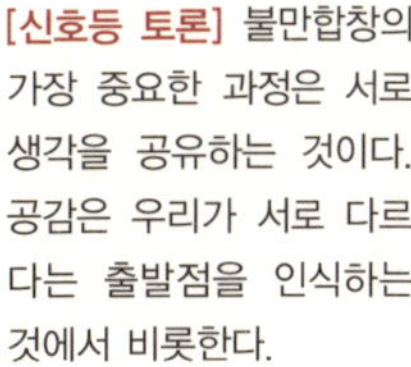

[신호등 토론] 불만합창의 가장 중요한 과정은 서로 생각을 공유하는 것이다. 공감은 우리가 서로 다르다는 출발점을 인식하는 것에서 비롯한다.

진행을 맡아 모둠을 이끌고 있었다. 결정한 불만을 예쁜 글씨로 종이에 적고, 발표를 준비하는 이도 있었다. 불만을 분류하고 토론하는 구체적인 방법을 제시하지도 않았건만, 이들은 스스로 자신들만의 방법을 만들어냈다. 진행자가 제시한 기본 규칙을 뛰어넘어 아예 새로운 불만을 적기도 하는 등, 스스로 규칙을 만들며 재미있게 토론하며 몰두하고 있었다. 이야기가 아주 활발하게 진행되어 어디서 끼어들어야 할지 막막할 정도였다. 시간제한을 여러 번 연장하고 나서야 각 모둠 별로 불만을 어느 정도 결정할 수 있었다.

원활한 진행을 위해 우리가 준비한 것은 '신호등 토론' 방법이었다. 빨간색, 노란색, 초록색 카드를 모두에게 나눠주고, 특정 불만이 가사에 포함되는 것에 동의하면 초록색 카드를, 반대하면 빨강색 카드를, 아직 입장을 정하지 못했다면 노란색 카드를 들고 각자의 의견과 이유를 듣는 것이다. 이 방법은 찬성과 반대로 일축할 수 없는, 미묘한 입장과 생각의 차이를 표명하도록 한다는 점에서 유익하다.

신호등 토론이 잘 '먹혀든' 것일까, 토론은 원활하게 진행되어 그간의 의심과 회의를 일순간에 날려버렸다. 이야기는 끝날 줄 몰랐다. 역동적인 밤이었다. 한 가지 아쉬운 점이 있다면, 시간이 모자라 마지막에 서둘러 토론을 마쳐야 했다는 점이랄까. '멋대로 불만합창단' 가사 중 "불만은 많은데 시간이 없네"는 바로 이 상황에서 새롭게 나온 불만이었다.

 : 이제 시민사회 활동가들이 지향해야 할 방향은 명백해진 것이 아닌가 한다. 이슈를 제기하며 여론을 선도해 나가는 전문가, 리더 중심의 운동은 여유롭고, 위트 있으며 모두가 참여할 수 있

는 새로운 방법론과는 맞지 않는 방식이 아닐까? 시민사회의 젊은 활동
가들은 이제 진정한 조력자로서 시민의 의견을 모으고, 갈등을 중재하며
사람들 사이의 의사소통을 증진시켜 창조적인 가치를 창출해내는 방법
을 고민해야 하지 않을까 한다. 매년 똑같은 일정대로 활동하는 방법이
나 고답적 방식의 사업에서 탈피하여, 평범한 시민이 주도하는 실험적
활동을 끊임없이 시도하고 지역사회를 살리는 공동 사업을 창출해나갈
때, 진정한 시민의 활동가로서 자리매김할 수 있지 않을까. 운동적인 측
면에서 불만합창단을 보자면 이러한 변화의 길목에서 시도되는 실험적
인 활동일 것이다. 전혀 새로운 의미와 새로운 방식으로, 그리고 새롭게
주어진 소임 앞에서 나는 어떤 모습을 보여야 할지 고민이 깊어지는 순
간이었다.

"지난주에는 좀 지루했는데, 오늘은 정말 재밌네요. 시간이 이렇게
빨리 갈 줄 몰랐어요."

한 단원이 모임을 마치고 자리를 뜨면서 말했다. 토론이 재미없으면
어쩌나, 오늘 모임 이후로 사람들이 안 나오면 어쩌나 했던 걱정이 무
색해지는 순간이었다.

"가사는 그냥 그쪽에서 정해줘요. 그럼 우리가 부를게요."

"빨리 이거 마치고 노래 불러요."

불만합창단에 참여한 할머니들이 간혹 이렇게 용감한(?) 제안을 하
기도 했지만, 누구도 토론을 그만 하자거나 지겨워하는 기색을 보이지
않았다. 때로는 힘들고 맥 빠지는 토론도 있었지만 그런 가운데에서도
우리는 진지했고 불만합창단의 의미를 완벽히 이해하고 있었다. 하지
만 모임을 시작한 지 세 시간을 훌쩍 넘겼고, 이번에 너무 진을 빼면 다
음 모임에 영향이 있지 않을까 염려되었다. 오늘 가사를 정하지 못하
면, 다음 모임 때 노래 연습을 못 하니 모임이 늘어지지 않을까 걱정도

되었다. 참여자들의 열정을 유지할 수 있도록 강약을 조절하는 것이 바로 우리의 몫이 아니던가. 시간이 못내 아쉬웠지만 우리는 서둘러 토론을 마무리했다.

사람들이 대부분 돌아간 뒤 뒷정리를 하고 있는데 단원 두 사람이 그냥 갈 수 없다며 한잔 하자고 했다. 불만합창단 모임에서 처음 만난 이들은 주최 측이 자리에 없어도 한잔할 태세였다. 이들과 함께 밤늦도록 술잔을 기울였다. 그날 밤 집에 도착하니 함께 술을 마신 영주 씨가 보낸 문자가 와 있었다.

- 혜연 씨, 혜연 님, 혜연 선생님? 뭐라고 불러야 하죠? 밤늦게 죄송한데요,
  부탁이 있어서요.
- 네, 부탁하세요. ^^
- 누군가 가사를 정리해야 하잖아요. 가사 마스터 작업할 사람이 없다면 제가
  해도 될까요?

가사를 정리하겠다고 자청하는 이가 나타났다. 누군가에게 부탁하지 않아도 스스로 굴러가는 불만합창 모임이 된 것이다. 이제 불만합창단은 담당자나 희망제작소만의 불만합창단이 아니라 참여하는 모든 사람이 함께 만들어가는 공동의 불만합창단으로 거듭나고 있었다.

불만합창 5단계: 네 안의 불만을 노래하라

자청해서 가사 정리를 맡은 영주 씨는 정해진 시간에 가사를 완성해

보내왔다. 그 가사를 우리가 한 번 더 정리해서 작곡을 담당하겠다고 자원한 고운 씨에게 넘겼다. 고운 씨는 가사에 맞춰 경쾌하면서도 독특한, 불만합창에 딱 들어맞는 느낌의 노래를 작곡했다. 작사 경험이 있는 앨리스 님이 자원해 가사를 또 한 번 다듬으니 완성도는 더 높아졌다. 노래는 참여자들의 의견을 반영해 빠르기와 음높이를 조정했다. 연습을 하면서 가사를 조금씩 수정하고 첨가하기도 했다. 몇 소절 되지 않지만 화음도 만들어 넣고, 재미난 변주도 만들었다. 열정이 넘쳐서일까. 연습을 할수록 조금 더 멋지게 부르고 싶어 너무 많이 연습하지 말라는 불만합창의 큰 원칙을 점점 지키기 어렵게 되었다.

멋대로 불만합창단의 가사를 최종적으로 확정하기 전에, 우리는 혹시나 빠진 가사가 있는지, 동의할 수 없는 가사가 있지는 않은지 마지막으로 토론을 거쳤다. 이런 일련의 과정을 거치면서 우리가 부를 노래는 공연을 하기 전날까지 끊임없이 수정되고 다듬어졌다.

앨리스 님은 불만합창단원 가운데 60, 70대인 분이 두 분이나 있지만 정작 가사에 노인 분들의 불만 내용이 없어 마음에 걸린다며, 한 소절 비는 부분에 이분들의 불만을 인용해 가사를 하나 만들어 넣자고 제안했다. 왜 진작 그 생각을 못했을까 싶을 정도로 기가 막힌 제안이었다.

예전에 '촛불시위에 왜 사람들이 딱딱 안 모이는 거야'라는 불만을 적으셨던 할머니들은 노인이라고 해서 특별한 불만은 없다고 하셨지만, 우리가 곁에서 슬슬 부추기자(?) 불만을 술술 말씀하시기 시작했다.

"우리가 말이야, 보기에는 멀쩡해 보여도 나이가 드니 허리가 아파서 오래 서 있기 힘들어요. 물론 요즘 젊은이들도 바쁘고 피곤하게 사는 건 알지만, 그래도 버스에서는 노약자석엔 앉지 않으면 좋겠어."

'버스 노약자석부터 앉지 마요'라는 가사는 이런 과정을 거쳐 마지막에 들어간 노랫말이 되었다. 누구도 작사를 해달라 작곡을 맡아달라 부탁하지 않았건만, 참여자들은 기꺼이 시간을 냈다. 충북 청원에서 올라온 고운 씨는 막차를 놓치지 않으려면 10시에 신데렐라처럼 서둘러 떠나야 했다. 멋대로 불만합창단원 모두는 자신의 재능을 기쁘게 나눴다. 이들은 스스로 불만합창단을 만들어가고 있었으며, 그 과정에서 즐거움과 재미를 마음껏 느끼고 있었다. 여러 사람의 손을 거쳐 완성되는 동안 이 노래가 다른 누구의 것이 아닌, 바로 우리의 노래라는 생각과 이것을 우리 스스로 만들었다는 자부심을 공유하게 되었다.

뒤풀이에 숨은 엄청난 비밀

세 번째 모임을 끝내고서야 처음으로 '공식' 뒤풀이를 했다. 시간이 늦어서 가볍게 맥주 한잔만 하고 일어나기로 했지만 뒤풀이는 여러 차례 자리를 옮겨 가며 새벽까지 이어졌다. 세 번의 모임에서 얼굴 맞댄 것이 전부일 텐데, 다들 언제 이렇게 친해졌나 싶을 정도로 유쾌하게 이야기꽃을 피웠다. 척하면 알아들을 정도로 생각도 말도 잘 통했다. 마치 한동안 바빠서 못 만났던 친구를 오랜만에 다시 만난 양, 자연스럽고 즐겁게 대화를 나눴다. 쉽게 볼 수 없는 이런 분위기가 하도 신기해서 열심히 관찰할 정도였다.

혜연 생각 : 한 번도 해본 적 없는 불만합창단을 함께 만들어가는 사람이자 동시에 불만합창 프로젝트를 성사시켜야 하는 담당자라는 이중의 위치는 참여자들과 나 사이의 적절한 '거리'에 대해 늘 고

민하게 했다. 맘 편히 놀아야 할 뒤풀이도 30퍼센트는 업무의 연장선이
었다고나 할까? 오가는 이야기와 웃음 속에서 불만합창단에 대한 이들
의 기대와 생각을 간파하고, 재미와 열정을 지속할 수 있도록 도와주는
방법을 생각해야 했기에 긴장의 끈을 놓을 수 없었다.

안타깝게도 이런 일을 하는 사람치고 우리는 낯을 가리는 편이었다.
잘 모르는 사람들과의 만남은 어색하고 불편해 자리를 뜰 구실부터 먼
저 만들고 본다. 사실 누구인들 그렇지 않겠는가? 자기와 통하는 사람
을 먼저 찾고, 낯선 이를 경계하는 것은 인간의 보편적 행동 양태일 터.
그런데 만난 지 얼마나 되었다고 서슴없이 말을 섞고 생각을 나누는 단
원들을 보니 이 사람들 좀 이상하지 않나 싶을 정도였다.

우리가 서로 통한다고 느끼는 데는 뭔가 이유가 있을 듯했다. 우선
불만합창단을 해보겠다는 목적이 있기 때문에 공감대가 쉽게 형성되었
다. 다음으로 우리가 서로 '같은 과'라고 느낄 수 있었던 배경에는 촛불
이 있었다. 술잔을 기울이고 이야기가 길어지고 깊어지면서, 우린 비슷
한 시기에 비슷한 경험과 기억을 공유하고 있음을 알게 되었다. 사회를
바라보는 인식의 유사성, 비슷한 정치적 입장과 문화적 감수성, 그리고
굳이 말하지 않아도 비슷한 주파수를 가졌다는 느낌은 서로 '내 편'이
라 생각하는 확신으로 변하지 않았을까.

이들에게 불만합창단이란 어쩌면 말이 통하지 않는 직장 동료보다
훨씬 편하고, 타인의 취향에 애써 맞추는 수고를 하지 않아도 마음이
편한 만남의 공간일지도 모른다. 시간이 지나면서 우리의 정서적 결속
은 눈에 띄게 굳어졌다. 일상에서 사소하게 여겨지거나 무시되기 일쑤
였던 각자의 취향, 감성, 정서, 경험이 불만합창단 안에서는 아무런 문
제 없이 승인되었다. 이런 유쾌한 경험이야말로 이들이 뿜어내는 열정

과 즐거움의 근원이자 팍팍한 일상으로 돌아갈 수 있는 삶의 원동력이 아니었을까. 문화연구가 메리 엘렌 브라운은 이렇게 즐거움을 토대로 형성된 팬fan 네트워크를 '동맹cathect' ♪이라는 용어로 설명했는데, 돌이켜보니 불만합창단 또한 일종의 동맹이 아니었을까 생각해본다.

멋대로 불만합창단원들은 우리가 자리를 뜨는 것에도 아랑곳하지 않고 노래방에서 노래까지 부르고 새벽 5시에 뿔뿔이 흩어졌다고 한다. 이들에게는 주최 측과 참여자라는 이분법적 도식이 없었다. 이들은 누가 주도적으로 모임을 이끌어 간다고 생각하지 않는 것 같았다.

불만합창 6단계: 연습은 이제 그만

모두 힘을 합한 덕분에 네 번째 모임 때 노래를 완성했다. 노래 지도는 든든한 앨리스 님이 이끌어주기로 했다. 가사를 다듬으면서 이미 여러 번 노래를 불러본 우리는 그런 느낌이 없었는데, 생각보다 노래가 좀 빨라선지 사람들이 따라 부르는 데 힘들어했다. 모두가 편하게 노래를 부르기 위해서는 곡의 빠르기를 고쳐야 했다. 하지만 이 노래는 빠르게 부르는 편이 느낌이 좋아 곡을 고치기보다는 연습을 좀 더 해보면 어떨까 하는 욕심이 들었다.

메리 엘렌 브라운은 텔레비전 활용자, 시청자, 비평가로서의 여성을 조명하면서, 드라마를 시청하는 즐거움을 토대로 형성된 여성들 사이의 관계를 '동맹'이라고 지칭했다. 같은 드라마를 좋아하는 여성들과의 관계맺음은 그동안 사소하게 여겨지거나 무시되기 일쑤였던 드라마 시청의 즐거움과 스타에 대한 열정을 아무런 문제없이 승인함으로써, 그 즐거움을 지속하고 생산하며 힘을 부여하는 근거지가 된다는 것이다(메리 엘렌 브라운, 《텔레비전과 여성문화》, 한울, 2002 참조).

노래의 완성도를 높이는 것과 참여라는 가치 사이에서 잠시 망설였다. 연습을 더 하자고 밀고 가고 싶었지만, 여기 모인 이들이 어떤 불만합창단을 만들고 싶었는지를 생각하면 답은 명확했다. 잘 부르는 것보다 모두가 재밌게 부르는 것, 다 함께 정한 불만 가사를 잘 전달하는 것, 바로 이것이 정답이었다. 이런 이유로 불만합창 조직자로서 가진 욕심은 큰 고민 없이 접을 수 있었다.

사실 불만합창단에 참여한 이들의 욕심과 열정은 우리의 의지보다 더 하면 더 했지 결코 덜하지 않았다. 5주간 이어진 모임에 개근을 한 사람들이 반 이상이나 되고, 모임이 끝난 밤 10시에 택시를 잡아타고 사무실로 돌아갈지언정 모임을 빠지지 않는 열정적인 단원도 있었다. 모임이 끝난 다음날에는 각자 블로그에 글을 올리기 때문에 불만합창단 소식이 웹에 가득했다.

거리 공연을 하루 앞둔 날, 수정을 거듭하던 곡을 드디어 완성했다. 불만합창단 안내서가 알려준 대로 다섯 번의 모임으로 불만합창을 완성한 것이다. 단원들은 노래를 부를수록 노래 실력이 쑥쑥 늘었다. 작곡가 고운 씨의 피아노 반주까지 곁들이니 이보다 훌륭할 수 없다는 생

[작곡 과정]

각까지 들었다. 만약 불만합창 페스티벌이 순위를 매기는 대회라면 우리가 1등을 할 것이라는 믿음이 생길 정도였다.

　노래를 부르는 단원들의 목소리에는 이 공연의 주인공은 바로 '나'라는 확신이 가득했다. 단원 한 사람 한사람의 표정에는 자신감과 이 모든 과정이 즐거워 어쩔 줄 모르겠다는 기쁨이 배어 있었다. 잘 부르려 애써 노력하지 않았지만, '성장'이라는 예기치 못한 결과를 축하하며 모두가 맘껏 즐기고 있었다. 다음날 있을 거리공연과 다음날에 열릴 불만합창 페스티벌도 이렇게 즐기고 놀면서 해야겠다고 생각했다. 멋대로 불만합창단이 이렇게 잘 운영되고 있는 것처럼 다른 지역의 불만합창단도 잘하고 있으리라고 생각하니 불만합창 페스티벌에 대한 기대도 커졌다.

　연습 마지막 날, 희망모울에 모인 이들을 보니 불만합창단원보다 취재진이 더 많다고 느낄 정도였다. 불만합창단에 대한 방송사의 관심은 뜨거웠다. 쉴 새 없이 카메라가 돌아가고 인터뷰 요청이 쇄도했다. 불만합창단을 널리 알려야 하는 담당자로서 많은 취재진이 온 것이 기쁜 일이긴 하지만, 시민참여를 무엇보다 중요하게 생각하는 불만합창단 조직자로서 혹여 단원들이 불편하지는 않을까 걱정도 했다.

　이날 찾아온 특별한 손님 중에는 가수 김C도 있었다. 가장 불만이 많을 것 같은 연예인으로 꼽힌 그는 정말 불만 가득한 얼굴로 불만합창단을 먼저 본 청중으로서 조언을 아끼지 않았다. 지금까지 노래를 만들고 연습한 과정에 대해 잘 모르는 가수 한 사람의 조언이 혼란을 주지 않을까 걱정되는 순간이었다.

　"제가 가진 가장 큰 불만은 음원 저작권에 관한 것인데요, 애써 만든 음악이 너무 쉽게 공유되고, 정당한 대가를 치르지 않는 사람들에게 불만이 많죠. 오늘 들은 가사 중에 제일 공감하는 것은 자전거도로에 대한 이야기예요. 저도 마음껏 자전거를 타고 싶거든요.”

여기저기서 터지는 플래시와 모든 것을 담아내는 카메라 때문에 마음이 편하진 않았지만, 예상과 달리 단원들은 대수롭지 않게 여겼다. 지금 카메라의 피사체가 된 불만합창단을 스스로 만들었다는 자부심과 당당함이 있었기 때문이었다. 카메라 몇 대가 돌아가고 있든 우리는 개의치 않고 불만합창을 즐겼다. 그 상황을 장악하고 있었던 것은 카메라나 타인의 시선이 아닌 바로 ‘우리’였기에.

불만합창 7단계: 세상에 불만을 소리쳐

10월 10일 신촌역 앞. 멋대로 불만합창단이 거리에서 공식 데뷔하는 무대였다. 하필이면 공연하는 날 갑자기 바람이 불고 기온도 뚝 떨어졌다. 날씨가 이렇게 추운데 구경하는 사람이 많이 있을까, 노래를 부르는 데 힘이 들진 않을까 걱정이다. 왜 이렇게 걱정할 거리가 많은지. 또 불만이 쌓인다.

공연에 쓸 앰프를 빌리고, 마이크 세움대를 사는 등, 정신없이 준비를 마치고 신촌역으로 향했다. 바닥에 포스터를 붙이고 마이크와 앰프를 설치하느라 부산을 떨고 있으니 행인들이 호기심 어린 눈빛으로 기웃거린다. 제발 사람들이 많아야 할 텐데. 걱정이 앞선다.

거리 공연 장소를 물색하느라 한참을 고민했다. 공연을 하고 싶어도 마땅한 장소가 없었다. 넓은 공간이 있으면 접근성이 부족했고, 접근성이 좋으면 공연하기엔 너무 좁았다. 접근성이 좋은 널찍한 곳은 이미 예약이 밀려 있었다. '광장의 부재'가 문제였다. 이곳저곳을 한참 물색한 끝에, 내키진 않지만 신촌기차역 광장을 택했다. 엄밀히 말해 신촌역 광장은 광장이라기보다 공터에 가까웠다. 광장이라면 길이 이어져 있어야 하는데, 이곳은 절반이 도로로 단절되어 있기 때문이다. 그래선지 터는 넓은데도 사람들이 잘 모이지 않았다.

사실 불만합창의 백미는 게릴라 거리공연이라고 할 수 있다. 지금까지 공연한 전 세계의 불만합창단들은 거리에서 게릴라 공연을 벌였다. 시市 정책이 불만이면 시청 앞에서 불만을 노래하고, 도서관 공공서비스가 불만이면 도서관 앞에서 노래하고 사라지는 식이다. 그래선지 이번 거리공연이 우리의 주공연은 아니지만, 굉장한 의미가 있음을 아는 탓인지 다들 긴장한 기색이 역력했다. 더군다나 오늘은 처음으로 대중 앞에서 노래를 선보이는 날이 아니던가. 하나 둘씩 일찍 도착한 불만합창단원들이 한쪽에 모여 연습을 시작한다.

날씨는 갑자기 왜 이리 추운 것인지, 날은 점점 어두워지는데 신촌역 광장에 있던 사람들이 총총히 목적지를 향해 사라진다. 설상가상으로 세찬 바람에 현수막과 마이크 세움대마저 자꾸 쓰러진다. 하는 수 없이 모양은 좀 안 나지만 청테이프를 붙여 고정했다.

드디어 공연 시간. 조명이 들어왔다. 이제 노래 부르는 일만 남았다. 떨리는 손으로 마이크를 잡았다.

"그럼, 지금부터 불만합창단 공연을 시작하겠습니다. 저희는 서울 멋대로 불만합창단입니다!"

우린 정성을 다해 노래를 부르기 시작했다. 긴장한 터라 그간 연습한 것만큼은 목소리가 잘 나오진 않았지만 다들 목청껏 열심히 불렀다. 서울 멋대로 불만합창단이 정식으로 탄생하는 순간이자, 대한민국 최초

로 불만합창이 거리에 울려 퍼지는 순간이었다.

미리 노랫말을 복사한 종이를 희망제작소 인턴들이 나눠주었기 때문에 지켜보던 행인들도 간간이 노래를 따라 부르며 웃기 시작했다. 그 바람에 지나가던 사람들이 호기심 가득한 눈빛으로 우릴 쳐다보았다. 응원 나온 지인들의 환호까지 더해지자 분위기는 한껏 달아오르고 있었다. 힘을 얻은 우리는 연달아 합창했다. 신촌기차역 광장에 울려 퍼지는 건 노래가 아닌 감동의 물결이었다. 불만합창은 그 순간만큼은 우리를 나약한 소시민이 아닌, 세상의 주인공으로 만들어주고 있었다. 불만합창에는 그런 힘이 있었다. 동영상 속에서 불만합창단원들이 게릴라 공연을 끝내고 나서 눈물을 흘리며 서로 격려했던 이유를 알 것만 같았다.

사회창안국제회의를 마치고 온 연사들은 신기한 눈으로 우리의 공

[불만합창단 거리공연]

연을 구경하고 있었다. 한국의 불만합창단은 과연 어떤 모습일지 궁금해 하던 불만합창의 창시자 올리버도 그 자리에 있었다. 그는 우리의 공연 장면을 놓치지 않으려고 카메라에 담는 와중에 따뜻한 눈빛으로 지켜보며 격려와 조언을 아끼지 않았다.

"좀 더 자신감을 가져요. 악보만 보지 말고 관객을 쳐다봐요. 불만 가사 하나하나를 관객들과 대화하듯 노래하세요."

우리가 이 자리에 서기까지 어떤 과정을 거쳤는지 다 알고 있는 올리버의 이야기에 우리는 모두 고개를 끄덕이며 불만을 노래했다. 공연을 마무리하며 우리는 모두 기쁜 마음으로 내일 열리는 불만합창 페스티벌을 기대했다.

♪ 사회창안주간 행사의 하나로 희망제작소 사회창안센터가 2008년 10월 9~10일 동안 개최한 국제회의. 불만합창 페스티벌은 사회창안주간 행사 중 하나였다.

촛불은 우리에게 무엇을 남겼나

요즘 시민사회진영의 고민거리는 무엇일까? 아마도 '변화'가 아닐까 한다. 2009년 10월, 전남 강진에서 열린 '전국시민사회활동가대회'의 기조도 '변화'였다. 전국의 시민 활동가들이 한자리에 모인 이 자리에는 변화에 대한 많은 생각이 오갔고 밤늦도록 토론이 이어졌다. 뭔가 변해야 한다는 생각을 넘어서, 이제 변하지 않으면 도태될 것이라는 위기의식의 발로였다.

촛불은 시민사회진영에 많은 과제를 남겼다. 시민사회가 변화하고 있다는 것은 촛불 이전부터 감지되었고, 시민사회가 변화함에 따라 시민사회진영 역시 조금씩 변화했던 것 또한 사실이었다. 하지만 촛불은 새로운 시민의 등장을 본격적으로 알린 '사건'이었다. 권위와 구속에서 벗어난 시민, 개인이지만 미디어의 몫을 수행하는 시민, 시공간의 구애를 받지 않고 자기 생각을 정리하고 공유하며 뜻을 함께하는 사람들과 '헤쳐모여'가 가능한 세력을 얼마든지 형성할 수 있는 시민의 등장이라는 '사건'. 이렇게 다른 생각과 다른 도구를 가진 새로운 시민이 사회를 채워나가고 있다는 것은 시민사회진영에 대해 좀 더 근본적이고 적극적인 변화를 요구했다. 우리 사회에 촛불이 던진 메시지는 분명했다. 이전의 리더십과 방법론이 이제는 유효하지 않다는 것. 그것은 작은 변화가 아닌, 패러다임의 전환이 필요함을 의미한다.

그날 강진으로 가는 차 안에서 희망제작소 사람들은 시민활동이 앞으로도 가능할 것인가에 대해 많은 이야기를 나누었다. 시민활동이 앞으로 더욱 강해지고 많은 가능성이 펼쳐질 것이라는 의견이 있는가 하

면, 점점 설 자리가 좁아질 것이라고 보는 의견도 있었다. 우리의 논의는 희망제작소가 앞으로 과연 어떤 역할을 해야 하는가에 대한 고민으로 이어졌다. 결론은 나지 않았지만 한 가지는 분명해졌다. 소셜 디자이너가 활동할 수 있는 환경은 점점 좋아지고 있다는 것이었다. 이끌고 계몽하고 주장하는 모델에서 벗어나 참여하고 모으고 공유하고 조정하는 모델을 만들어내는 것이 바로 소셜 디자이너가 할 일이 아니던가.

2008년 늦여름, 한 젊은 무리가 희망제작소를 찾아왔다. 대한민국을 뜨겁게 달구었던 촛불들이었다. 이들은 희망제작소와 머리를 맞대고 '뭔가 함께할 수 있는 일' '뭔가 의미 있는 일'을 찾아 해보고 싶어했다. 희망제작소 내부에서도 고민이 시작되었지만 뾰족한 수가 보이질 않았다. 재기 발랄한 구호와 패러디, '자유로운 개인 간의 연대'를 직관적으로 알고, 실행한 그들에게 우리가 어떤 답을 내보이는 건 쉽지 않은 듯했다. 젊은 촛불과 소통하면서 연구원인 우리는 좌절감을 느끼기도 했다. 그들과 뭔가 함께해보고 싶은데, 그게 뭔지 도무지 알 수 없었기 때문이었다. 이들과의 논의가 시들해질 무렵, 우리는 불만합창단을 만들어볼 것을 제안했다. 촛불이 조금씩 꺼져가던 때, 불만합창단을 통해 촛불들이 다시 모여 서로 이야기를 나누고, '운동권보다 더 무서운' 촛불들의 다양한 이야기를 전해주면 어떻겠냐고. 어쨌든 그들은 누리꾼 불만합창단이라는 이름으로 멋진 노래를 만들어 불만합창 페스티벌에도 참여했다. 페스티벌이 끝나고 나서 멋대로 불만합창단은 '나라걱정 가요제'에 초대를 받아 누리꾼 불만합창단과 함께 노래를 부르기도 했다. 그리고 훌쩍 1년이 지났다.

지금 희망제작소 사회창안센터는 시민 주도의 열린 연구 프로젝트인 《온갖문제총서》와 이를 집필하는 시민 모임인 시에스아이CSI·Citizens for Social Innovation라는 야심만만한 조직을 가동하고 있다. 평범한 시민이 지식과 정보를 재조직해 새로운 지식을 구축하고, 이를 통해 의미 있는 변화를 매개하려는 의도로 기획된 프로젝트다. 이 일을 처음 시작할 때 과연 어느 누가 자신의 시간을 내고, 책도 써야 하는 부담스러운 일에 참여할까라는 의문이 들었다. 하지만 라스베가스 시에스아이CSI·Crime Scene Investigator(과학수사대)를 능가하는 수사력, 검색력, 정보조직력을 가진 한국의 네티즌 수사대를 생각한다면, 우리가 하는 걱정은 기우에 불과하지 않을까라는 생각도 한편에 있었다. 이러한 정보검색력을 가진 사람들과 변화를 직접 매개하려는 욕구가 있는 사람들을 만나려면 그들이 기꺼이 그리고 재미있게 활동할 방법을 많이 개발해야 하는데,《온갖문제총서》가 그 방법의 하나가 될 것이라는 확신이 들었다. 이끌고 계몽하고 주장하는 대신 참여하고 모으고 공유하고 조정하는 것. 이것이 《온갖문제총서》의 핵심이기 때문이다. 이 자리에 모인 네티즌 수사대원들이 공통으로 하는 말이 있다.

"늘 의미 있는 뭔가를 해보고 싶었다. 하지만 참여할 곳도, 내가 할 만한 일도 없어 보였다. 일을 찾아 인터넷을 돌아다니다가, 검색하고, 조사하고, 글 쓰는 일이라면 할 수 있겠다는 생각이 들었다. 더구나 내가 하는 일이 좋은 일이고, 그것 때문에 우리 사회에 뭔가 변화가 일어날 수 있다면, 그것을 하지 않을 이유가 없다고 생각했다."

이들이 1년 전, 우리를 그토록 놀라고 어리둥절하게 만들었던 촛불의 실체가 아니었을까?

　과거의 경험은 우리 고민의 깊이를 더해 주었고, 사회창안센터가 변화하는 동력이 되었다. 과거 사회창안센터의 시민 제안 모델은 시민의 아이디어를 받아 제작소 연구원과 전문가들이 함께 숙성시켜 정책화하는 형태로 운영되고 있었다. 이런 과정은 생생하지만 거친 아이디어를 정책으로 만드는 효율적이고 집약적인 방식이었고, 이러한 모델을 통해 정책화된 제안이 쌓이기 시작했다. 그런데 이 과정이 안착하면 할수록 정작 시민의 참여와 관심은 줄어만 갔다. 이 체제 안에서 시민은 그저 단순한 아이디어 제공자일 뿐, 그 이상도 그 이하도 아닌 존재였던 것이다. 희망제작소는 많은 논의와 고민을 거쳐, 엘리트적이고 게다가 지루하기까지 한 그동안의 방식을 완전히 버리기로 했다. 그것은 제작소답지 않으며 소셜 디자이너가 할 일이 아니라고 판단했기 때문이다.

　대신 사회창안센터는 개방과 공유, 참여의 정신을 충분히 구현할 수 있는 창안 2.0 시스템 개발을 시작했다. 이 체제는 시민이 객체가 아니라 주체로, 수동적 존재가 아니라 적극적이고 능동적인 존재로서 활동할 수 있도록 하는 플랫폼과 이를 촉진할 수 있는 프로그램을 제공하는 것을 핵심가치로 두고 있다. 불만합창단과 촛불의 경험은 우리 시민사회가 이를 충분히 그리고 성숙하게 운영해나갈 수 있다는 믿음을 심어주기에 충분했다.

　오늘날 시민사회진영의 위기는 사실 위기가 아니라고 본다. 오히려 시민사회가 한층 강하고 튼튼해진 것이라고 해석하고 싶다. 시민사회가 강해졌다면, 시민사회진영이 위기에 빠질 이유가 없다. 시민사회의 성장은 우리가 할 수 있는 일이 더 많아졌다는 것을 의미한다. 문제는 소셜 디자이너로서 새로운 흐름을 어떤 시각과 관점으로 해석할 것인가, 그리고 어떻게 대응을 해나갈 것인가에 달린 것이라고 본다.

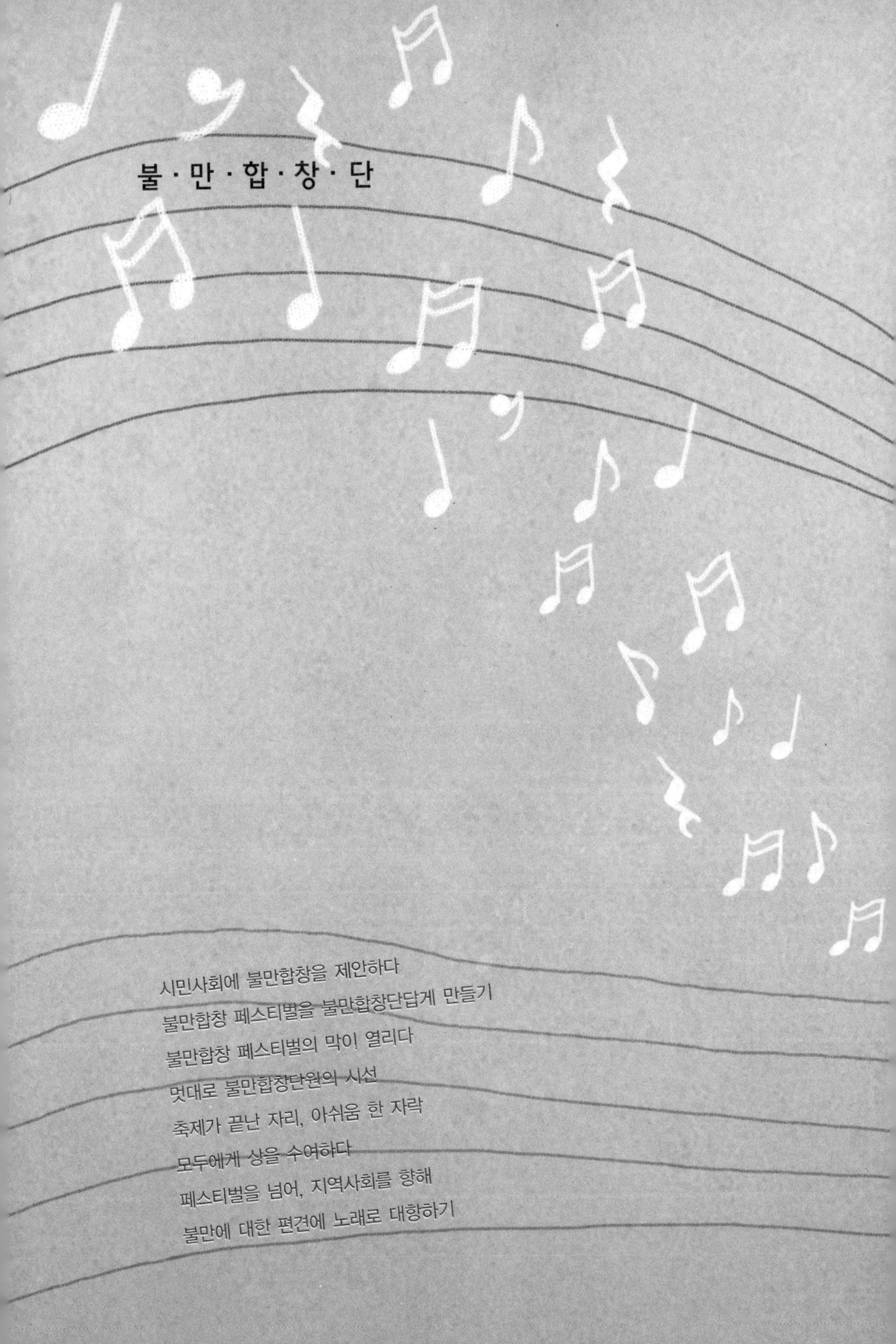

불·만·합·창·단

4부

축제의

막이 오르다

시민사회에 불만합창단을 제안하다

이제야 고백하지만 희망제작소 사람 중 누구도 불만합창단이 이렇게까지 큰 행사가 될 것이라고는 생각하지 못했다. 맨 처음 불만합창단은 사회창안 국제회의의 부분 강연이자 공연으로 기획된 것이었다. 그러니까 아주 작은 규모의 행사였다. 일을 이렇게 벌인 건 원순 씨였다. '1인 시위'의 창안자답게 불만합창단에 대해 듣자마자 거기에 담긴 위트와 창의적인 발상, 그것이 가지고 올 사회적 파장을 직감한 것이다. 게다가 세계 최고의 낙관주의자답게 원순 씨는 한 팀이 아니라 여러 팀의 불만합창단을 만들어 공연하면 좋겠다고 제안했다.

"아니, 아직 우리도 한번 해 본 적 없는데 그게 가능할까요?" "올해는 우선 한 팀만 만들고 경험을 쌓아 내년에 크게 만들어보겠습니다."

우리는 온갖 회의적인 이야기와 현실적인 타협안을 내놓으면서 원순 씨를 설득하려 했지만, 그는 꿈쩍도 하지 않았다.

"왜 못해요? 어디 내부에서 불만합창단 100개를 만들라고 했나요? 시민사회단체에 불만합창단을 제안해보세요. 시민사회를 믿어보자고요."

사실 우리는 이런 방식이 불만이었다. 기왕이면 '크게' '멋지게' '모양 있게' 해야 한다는 생각이 다분히 '한국적'인 것 같아 일단 거부감이 들었다. 베를린에서 만난 올리버가 우리 계획을 듣고 '대단히 야심차고 미친 계획'이라 했을 때는 좀 부끄럽기까지 했다. 작고 소박하게, 천천히 가면 안 될까? 한동안 우리는 거부감, 부담감과 싸우면서 자신을 설득하는 데 시간을 보내야 했다.

희망제작소는 시민이 참여하는 채널을 개발하고 실행한다. 또한 더 많은 민주주의가 이뤄지길 바란다. 불만합창단이 더 많은 민주주의를 위한 도구일 뿐이라고는 생각하지 않지만, 이 유쾌하고 재미난 방법론이 민주주의를 더욱 풍성하게 만들어나가는 데 일조할 것은 분명하리라고 본다.

이렇게 결론을 내기까지 우리는 희망제작소 내부에서 오랫동안 힘든 토의 과정을 거쳤다. 우리는 서구사회의 불만합창 공연방법을 바꿔 불만합창단 조직과 구성은 각 지역 활동으로 맡기고, 10월 11일에 모두를 초대해 서울에서 페스티벌을 벌이기로 했다. 하지만 게릴라식 거리 공연이 중심인 불만합창단이 불만합창 페스티벌로 탈바꿈하는 순간, '아무렇게나 막'이라는 불만합창 고유의 정신을 무시하지 않으면서도 많은 사람 앞에서 '날 것'으로 할 수도 없다는 딜레마에 빠지고 말았다. 불만합창단 조직과정이야 늘 험난했지만, 이번에는 모순적인 상황을 극복해야 한다는 점에서 차원이 다른 문제였다.

공원이든 역사驛舍 안이든 세관 철조망 앞이든 '어디에서나 막, 아무렇게나 막' 노래하는 불만합창단은 그럴듯하게 꾸며낸 공연과는 거리가 멀다. 합창단이지만 가창력이 (썩) 좋은 것도 아니고, 짜임새 있는 성부 구성도 없고, 평범한 일상복 차림에 때로는 아이까지 둘러업고 노래한다. 그야말로 시트콤에서나 볼 수 있을 것 같은 합창단이다. 하지만 '아무렇게나 막'이라는 정신이야말로 불만합창단을 가장 불만합창단답게 해주는 것이 아니던가. 우리가 불만합창단에 마음을 빼앗겼던 것도, '아무렇게나 막'이라는 정신과 뭐든 시도하고 보는 기질이 맞아떨어졌기 때문일 터. 불만합창단은 그럴듯하게 꾸며 잘 보여주는 것이 결코 목적이 될 수 없는 문제였다. 그렇지만 이왕 페스티벌을 하기로 한 이상, 마이크는 삑삑대고 음악은 나오지 않고 스태프들이 허둥거려 초청한 사람들의 눈살을 찌푸리게 하거나 이 탓에 불만합창이라는 시도 자체가 폄하되는 일이 있어서는 안 된다고 생각했다.

어설픔 때문에 사소한 실수가 연달아 일어나도 '아마추어들이 하는 거니까'라는 이유로 모든 것을 합리화하고 싶지 않았다. 그렇다고 세련된 공연을 연출해 불만합창단의 의미를 퇴색시켜서도 안 된다. 거창한 형식보다는 내용에서 자연스럽게 시민의 힘이 우러나는 공연을 만들고 싶었다. 또한 시민사회가 '이슈'와 '구호'를 위해 '문화(행사)'를 내세우지 않아도 자신의 목소리를 내는 그 자체가 하나의 문화가 될 수 있다는 사실을 보여주고 싶었다.

혜연 생각 : 멋대로 불만합창단을 조직하고 불만합창 페스티벌이라는 행사도 진행해야 하는 담당자로서 나는 종종 딜레마에 빠지곤 했다. 불만합창 페스티벌은 불만합창단 프로젝트의 일부이지 종착역은 아니었다. 하지만 멋대로 불만합창단 일정의 많은 부분이 불만합창 페스티벌을 중심으로 짜이면서, 그 무대에 서는 것이 목표인 것처럼 인식되는 문제가 발생했고 결과적으로 그렇게 되어버렸다.

사실 불만합창 페스티벌이라는 '거대한' 프로젝트에 대해 내외부의 비판이 전혀 없었던 것은 아니다. 특히 페스티벌 참여를 고심 끝에 결정한 한 팀은 이에 대해 '어떤 공공미술이 마음에 든다고 액자에 넣어 갤러리에 전시하려는 것'과 같다며 비판하기도 했다. 옳은 지적이다. 불만합창단이 노래하는 불만이 생생하게 전달되려면 그 불만이 생겨난 현장성과 맥락이 잘 드러나야 하기 때문이다. 현장이 삭제된 채 무대에 오르는 불만합창단은 박제된 것일 수 있다는 지적에 대해 백분 공감한다. 하지만 멋진 옷을 차려입은 특정한 사람들만 서는 곳이라고 생각하는 무대에 화음도 엉망이고 '아무렇게나 막' 노래하는 합창단이 올라가 그 근엄함을 유쾌하게 비웃고 뒤집을 수 있다면, 그것도 나름대로 의미 있지 않을까? 잘 짜인 무대에서 불만합창단이 노래를 한다고 해서 그 가치가 떨어진다고만 생각할 이유는 없다. 불만합창 페스티벌을 한다고 해서 거리공연을 아예 하지 않을 계획은 아니었기 때문이다.

불만합창 페스티벌을 불만합창단답게 만들기

불만합창단이 불만합창 페스티벌로 확장되는 순간, 그때부터 불만합창단의 소중한 가치를 훼손하지 않으면서도, 공연 자체의 어설픔 때문에 그 빛이 가려지지 않도록 조율하는 것에 무엇보다 주의를 기울였다. 우리는 이런 행사를 준비하는 데에는 돈이나 기술이 아닌 원칙이 중요하다는 사실을 알아차렸다. 때문에 불만합창 페스티벌을 준비하는 가장 큰 원칙은 공연에 연출의 개입을 최소화하는 것이었다. 어떤 노래를 부르든 어떤 옷을 입든, 어떻게 노래를 부르든, 그건 각 불만합창단이 결정할 일이었다.

거의 자원봉사 수준으로 무대에서부터 공연 연출을 맡아준 P堂의 탁현민 대표도 시민단체 활동가 출신이어서 우리가 불만합창 페스티벌에 대해 어떤 점을 우려하는지, 어떤 부분이 지켜져야 하는지를 잘 알고 있었다. 물론 돈도 없었지만, 우리는 크고 화려한 공연장은 피하기로 했다. 사실 초기에는 많은 불만합창단이 참여할 가능성 때문에 사전 예선이나 전문가의 심사평 같은 방식이 논의되기도 했다. 하지만 불만합창단은 어떤 일이 있어도 경연대회로 할 수 없다는 입장을 끝까지 고수했다. 누구의 불만이 더 기발하고 더 날카롭다는 식으로 평가하고 순위를 매기기 시작한다면, 불만합창단이라는 이름을 쓸 수 없다고 생각했기 때문이다.

우리가 우려했던 불만합창 페스티벌을 불만합창단답게 만들어준 것은 단원들이었다. 그들의 우려나 제안은 페스티벌 준비에서 언제나 나침반이 되어주었다. 불만합창단을 만드는 과정에 필요한 모든 것을 단원들은 정말 고지식하게 '순수한' 참여와 열정으로 만들었다. 처음 불만합창단을 준비할 때, 희망제작소는 작곡 지원단을 만들어 운영하려는 시도도 했다. 한동안은 연이 닿는 작곡가들에게 불만합창단을 설명하고 참여를 요청하는 메일을 보내는 업무로 하루를 시작하기도 했으니까. 하지만 기대와 달리 선뜻 나서는 작곡가들이 없어 낙담했다. 그런데 각 지역의 불만합창단이 만들어지는 과정을 보니 우리가 괜한 걱정을 하고 있었다는 사실이 드러났다. 서울 멋대로 불만합창단에 작곡가로 참여하겠다는 분이 나타난 것처럼, 다른 지역 불만합창단에도 작곡가로 참여하려는 이가 있었다. 작곡자가 없으면 기존의 곡을 개사하는 방식으로 해결하기도 했다.

근사한 연주자들의 연주가 없어도 기타 하나, 피아노 하나로 이들은 세상에서 제일 멋진 불만합창곡을 연주하고 노래했다. 희망제작소에서 지원한 것이 하나 있다면, 장애여성공감 '즐거운 불만합창단'의 반주자 정도였다. 이것조차 멋대로 불만합창단원의 작곡자 고운 씨가 자원해서 이뤄진 일이었다. 우려했던 불만합창 페스티벌의 '불만합창단다움'은 참가자들의 힘으로 완성되고 있었다.

불만합창 페스티벌의 막이 열리다

10월 11일, 아침이 밝았다. 반 년 넘게 모든 걸 쏟아 부으며 준비해온 불만합창 페스티벌이 드디어 그 모습을 드러내는 날이다. 행사가 시작되기 전까지 마음을 놓을 수 없는 상황이 계속됐다. 리허설 시간에 맞춰온 팀은 하나도 없고, 까딱하다간 리허설 없이 무대에 올라가야 할지도 모를 상황. 멋지게 노래하는 모습을 보여주는 게 행사의 목적은 아니었지만, 무대에 한 번도 서보지 않고 공연을 시작해도 될까 하는 생각에 속이 타들어간다. 리허설 시간이 계속 늦어지자 연출부는 점점 예민해졌다. 그에 따라 우리도 안절부절 못했다.

역시나 여기저기서 사건이 뻥뻥 터졌다. 공연장인 한국불교역사문화기념관은 비교적 최근에 완공한 건물이라 엘리베이터라든가 장애인 화장실 같은 편의시설은 잘되어 있었다. 그런데 정작 중요한 공연장에서 무대로 가는 길은 장애인의 접근이 힘들었다. 대기 장소에서 무대까지 이동식 경사로를 설치했는데, 통로가 너무 좁을 뿐 아니라 경사가 급해 위험하기까지 했다. 장애인 단체가 두 곳이나 참여하는 행사였는데 장애인의 이동권과 접근권을 고려하지 못해 민망하고 죄송할 따름

[공연장 가는 길] 얼마나 모일까? 걱정도 잠시. 공연 시작 시간이 다가오자 불만을 들으러 온 사람들로 공연장이 북적였다.

이었다. 가뜩이나 늦게 도착한 도시락을 허겁지겁 먹기 시작하자 이번에는 경내에서 고기반찬을 먹는다며 조계사 측이 강하게 항의를 한다. 상황을 수습하느라 우린 뛰고 또 뛰어다닐 수밖에 없었다.

한시도 마음을 놓을 수 없는 상황의 연속이었다. 어느덧 행사 시작 시간이 되었다. 공연장 객석의 불이 꺼졌다. 빠-빠-빠-빵! 시작을 알리는 음악이 울리며 준비한 영상이 켜졌다. 가슴이 너무 두근거린다. 무슨 실수라도 있을까 도저히 지켜볼 수 없어 공연장을 나왔다. 멀리서 심장 박동처럼 쿵쿵 울리는 음악 소리를 듣고 있자니 감정이 격해지면서 눈물이 나왔다. 드디어 시작이었다. 승현♪이 조용히 와서 꽉 안아준다. 눈물이 나오는 걸 간신히 참았다.

멋대로 불만합창단원으로서 무대에 올라가 같이 노래를 하고 싶은 마음이 굴뚝같았지만, 행사 진행을 맡아 지휘해야 하는 우리는 그럴 수 없었다. 한 달 넘게 단원들과 애쓰며 만들어왔던 그 모든 과정이 어떻게 펼쳐질지 궁금할 뿐이었다.

참여한 모든 불만합창단이 훌륭한 무대를 선사했다. 뭐라 말로 표현할 수 없을 정도로 장관이었다. 그렇지만 우리의 마음은 아무래도 직접 조직한 서울 멋대로 불만합창단 쪽으로 향할 수밖에 없었다. 네 번째로 무대에 올라간 멋대로 불만합창단. 우리는 객석 구석에 서서 큰 소리로 노래를 따라 불렀다. 무대에는 못 올라갔지만 함께 하고 있다는 걸 느끼고 싶었고 보여주고 싶었다. 멋대로 불만합창단이라는 이름, 검은색과 흰색 의상에 빨강색으로 강조한 의상, 하나부터 열까지 모두가 함께 참여해 만들었다는 것을 상기하면 더욱 그랬다. 가사를 하나하나 꾹꾹 눌러쓰듯 노래 부르는 모습, 무엇보다 불만합창을 즐기고 있는 이들의 모습이 감동적이었다. 눈물이 왈칵 쏟아지려는 걸 몇 번이나 참았다.

그동안 이메일이나 전화로 진행 상황을 소통했던 다른 지역 불만합창단의 모습을 지켜보는 것도 감동이었다. 어떤 난관을 뚫고, 어떤 과

♪　당시 사회창안센터팀장.

정을 거치며 여기까지 오게 됐는지 누구보다 잘 알고 있기에, 우리는 애정 어린 시선으로 그들의 불만합창을 감동하며 들었다. 비장애인들에게는 결코 불만이 될 수 없는 것들을 불만으로 노래한 한울림 불만합창단이나 장애여성공감 불만합창단의 노래를 들으며, 우리는 얼마나 제한된 경험 속에서 살고 있는지 실감했다.

우리는 불만합창 페스티벌에 참여하는 불만합창단의 단원이자, 동시에 다른 불만합창단들의 관객이었다. 참여자이면서 관객이 되어, 각각의 불만합창단이 노래하는 모습을 보며 가사뿐 아니라 그 전 과정을 공감할 수 있었다. 예행연습을 할 때에는 악보만 쳐다보던 사람들이 마치 가수들처럼 무대를 장악하고 노래를 부른다. 이런 변신이 있을까. 노래를 부르는 사람, 객석에서 구경하는 사람 모두 하나가 되어 즐겁기만 하다.

[공연장 객석의 모습] 불만합창 페스티벌은 불만을 노래하는 이들과 따뜻하게 격려하고 호응하는 이들이 하나가 되는 자리였다.

그동안 우리는 가사를 정하는 토론과정이 불만합창단의 핵심이자 백미라고 생각했다. 그러나 이제 우리는 어떤 것이 핵심이고 제일 중요하다고 이야기하는 것은 경솔한 행동임을 깨달았다. '모든 순간이 꽃봉오리'라 했던가. 불만합창단 역시 매 순간이 불만합창단을 '만들어가는' 과정이었다. 불만을 모으고, 단원들이 만나 서로 이야기를 나누고, 노래를 만들고 연습하고 공연을 하기까지, 이 모든 과정은 애정과 열정이 깃든 참여 없이 되지 않는 것이며, 바로 이를 통해 불만합창단은 불만합창단이 되어가는 것이었다는 것을, 우리는 이제야 온전히 알게 되었다.

불만합창 페스티벌에 대해 이야기하려면 끝이 없겠지만, 멋대로 불만합창단의 단원인 영주 씨가 개인 블로그에 올린 글을 소개하는 것으로 마무리하려 한다. 불만합창 페스티벌을 묘사하는 그 어떤 글도 이만큼 훌륭하지는 못할 테니까.

"우리는 불만마녀들, 폭발할 거야!"

"노약자 좌석부터 앉지 마요."

올 한해 가장 의미 있었던 일, 불만합창 페스티벌

블로그 글을 통해 처음 알게 되어 단지 '재미있겠다'라는 이유로 불만합창단에 참가했다. 사실 처음 참가할 때는 이런 대규모의 축제를 기획하고 있다는 사실은 몰랐고, 이것을 기획한 희망제작소의 존재 여부도 몰랐다. 나는 불만합창 페스티벌을 1주일 앞두고서야 희망제작소의 박원순 상임이사가 유명한 사람이라는 사실을 알았을 만큼 사전지식이 없었기에, 페스티벌 직전까지 이 행사의 거대함을 알지 못하고 있었다.

희망제작소에서 기획한 불만합창 페스티벌은 사회창안주간과 더불어 진행되며, 전국 8곳 지역에서 각기 조직된 불만합창단이 모여 함께 불만을 노래하는 행사였다. 처음에 단순히 서울에서 모여 우리끼리 일회성 공연을 하는 줄로만 알았던 나에겐, 생각 외로 진지함을 요구하는 행사였던 셈이다.

이 축제의 진지함을 알게 해준 이들은 취재진들이었다. 불만합창단의 서울지부(?)인 '서울 멋대로 합창단' 모임에 점점 취재진이 많아지기 시작했다. 마지막 5주차 연습과 거리공연 때는 거의 취재진에게 둘러싸였으니, '합창단원보다 더 많은 취재진과 함께한다'는 우스갯소리가 나올 정도였다. 나는 취재진이 크게 부담스럽다거나 거슬린다는 느낌은 받지 않았지만 아무래도 처음 마음가짐인 '재미'에 집중하기가 어려운 건 사실이었다. 게다가 5주차에 취재 온 모 방송팀은 불만합창 페

 원문 출처 http://saosiant.egloos.com/3940734

스티벌을 축제가 아닌 경연대회로 생각하고 있었다. 나는 처음 불만합창단 모임에 나갔을 때 설명을 듣고, 이 페스티벌은 내 불만과 남의 불만이 상충하거나 우위를 가리는 것이 아니라 내 불만과 남의 불만이 다르지 않음을 느끼는 것이라는 사실을 충분히 이해했다. 하지만 우릴 취재하러 온 방송팀 피디는 인터뷰에서도 '몇 등 할 거 같으냐' '이 중에서 노래를 가장 잘하는 사람은 누구냐'라며 질문을 던졌다.

'잘 불러야 하나' 고민도 잠시

사실 나는 노래를 못 부르진 않는다. 음악도 많이 듣는 편이고, 보컬은 아니었지만 밴드도 조직한 적이 있고, 사물놀이와 민요도 배웠다. 그런데 난 가곡이나 클래식엔 문외한이다. 게다가 나는 정규 중·고등학교 과정을 상당히 생략해 수료한 관계로 음악 시간에 나오는 노래도 잘 몰랐다. 가곡을 불러본 경험이 별로 없다는 것도 문제였다. 그런데 우리 합창단의 곡은 분명히 클래식에 가까운 가곡이었다. 잘 듣지도 않는 장르를 잘 부를 리는 만무하지 않은가. 차라리 다른 팀처럼 대중가요를 개사해서 부른다면 별로 걱정하지 않았을 것이다. 하지만 우리는 '연습은 4~5차례 내에 곡을 만들고 가사도 정하라. 그리고 노래 연습도 적당히. 잘 부르려고 노력하지 마라'는 불만합창의 제1정신에 충실한 팀이었고, 당연히 자작곡을 준비했다.

물론 원칙은 한 도시의 불만합창단이 만들어지는 과정에 한정된 것이었다. 한국에서 열리는 불만합창 페스티벌은 여러 개의 도시에서 모인 합창단이 한자리에서 연속해서 공연한다는 점에서 달랐다. 문제는 여기서 발생했다. 다른 도시에서 온 합창단원들조차 이 축제를 경연대회의 한 자락으로 이해한 사람도 있었으니까. 예상치 못한 고민이었다. 다른 단원들이 이 축제를 처음부터 진지하게 생각했다면, 노래에 자신이 없는 내가 폐가 되지는 않을까?

고민은 다음날 거리공연에서 불만합창단의 창시자 올리버를 만나 눈 녹듯 사라졌다. 그는 우리의 공연을 칭찬하며 가사에 집중해서 고개를 숙이는 것이 유일한 단점이라고 말했다. 이 노래는 잘 부르는 것이 목적이 아니라 불만을 잘 나눠야 좋은 노래라는 걸 새삼 느끼게 되었다. 그 시간 이후부터 우리 합창단원 중에서 그 누구도 노래를 잘 부르는 것에 방점을 찍은 사람은 없었다. 모두 재미를 찾는 눈빛으로 초롱초롱했다.

드디어 행사 당일, 나는 큰 행사가 주는 부담감에서 자유로웠다. '못 불러도 괜찮다'가 아니라 '잘 부를 필요가 없다'는 생각으로 행사장에 들어섰다. 이 노래는 다른 방식으로 감동과 웃음을 불러일으킬 수 있다고 하지 않았나. 행사장에 역시 많은 취재진이 있었지만 노래를 불러 상을 타러 온 것이 아니라, 남의 불만을 듣고 내 불만을 말하러 온 것이니 별 상관없었다. 그날 나를 멋대로 불만합창단의 단장으로 착각한 ― 아마도 나비 넥타이 때문일 것이다. ― 많은 취재진의 질문을 받고 사진도 찍혔지만 그런 일이 나에게 긴장을 주지는 못했다. 내가 불만합창의 취지를 완벽하게 이해하고 공감하고, 받아들이고 있었기 때문인 것 같다. 오히려 예행연습이 끝나고도 계속해서 연습을 거듭하던 몇몇 팀을 이해할 수 없었다.

다행히 멋대로 불만합창단원은 '노는 것'에 집중하는 바람직한 불만쟁이들이었기 때문에 우리의 연습은 길지 않았다. 그래서 나는 박원순 상임이사가 지나가는 말로 "이 팀은 연습 안 해요?" 하고 묻자, 웃으면서 "그건 불만합창단의 취지와 어긋나는 행동이잖아요!"라고 말할 수 있었다. 재미와 공감을 위해 참가한 것은 옳은 결정이었다.

공연 시작이 임박하자 사람들이 공연장으로 모여들었다. 200석이 가득한 공연장을 처음으로 빛낸 건 아이들이었다. 봉천동의 소녀들로 구성된 '밤바다 소녀들'의 공연은 매우 훌륭했다. 잘 부른 노래는 아니었으나 그 공연이 아름다웠던 이유는 반짝이는 소녀들의 미소와 어깨를 들썩이게 하는 그녀들의 불만 때문이었다. 버스비를 고작 300원 낸다고 자신들을 무시하지 말라는 가사는 초등학생이 아니라면 누가 할 수 있을까? 누가 시키거나 어떤 거대한 상이 걸려 있어서도 아닌 순수한 불만을 내뱉고 싶었던 아이들의 마음이 느껴졌다.

불만의 향연이 연이어 펼쳐졌다. 장애인 야학 학생들은 또렷하지 않은 발음으로 신나게 불만을 토로했다. 같은 불만을 이야기해도 다른 것처럼 느껴졌고, 다른 불만을 이야기해도 나의 불만처럼 다가왔다. 장애인들만이 느낄 수 있는 여러 불만도 그 순간은 나의 불만이 되었다. 휠체어가 들어가기엔 좁은 엘리베이터, 길 곳곳에 있는 높은 턱, 차갑게 식은 김밥의 지겨움과 미국산 소에 대한 분노. 무대 뒤에서 대기하며 들은 것이 굉장히 아쉬울 정도로 좋은 공연이었다. 뒤에서 듣기만 했는데도 몸이 절로 움직이며 흥겨워졌다.

북아현동 주민과 추계예대 학생이 함께한 세 번째 공연은 자신들의 터전에 대한 불만이었다. 높은 언덕, 가로등 없는 골목길, 오지 않는 마을버스, 돌아가는 마을버스와 같은 여러 불만이 꼭 북아현동에 국한된 것은 아니라고 느낀 건 우연이 아닐 것이다.

드디어 우리 차례가 왔다. 신나고 재밌게 부를 수 있을지 걱정이다.

남들이 뭐래도 우리는 즐긴다는 기운이 강했고, 공연장의 누구도 무대에 오른 팀의 노래실력을 상관하지 않았다. 불만합창에는 그런 힘이 있었다. 무대 위에서 나, 아니 우리는 모두 반주가 시작되길 기다렸고 반주가 끝나지 않기를 바랐다. 훌륭한 무대였다. 자화자찬이 아니라 사실이 그랬다. 부르는 이와 듣는 이가 모두 하나 되어 즐기고 있었다. 축제는 점점 절정으로 달려갔다. '참 잘 불렀다'는 칭찬이 노래실력에 관한 말은 아니었을 것이다. 난 정말 내게 불만이었던 것들이 당신에게도 불만인지를 물었고 관객들은 '그렇다, 혹은 아니다'라고 반응했다. 서로 소통하고 있다는 것을 느꼈다.

[불만합창 페스티벌]

불만을 통해 소통하다

처음 불만합창이라는 말을 들었을 때 떠오른 것이 있었다. 부정적인 의견을 긍정적으로 표출하는 방법. '불만'이라는 조금은 부정적인 요소를 '노래'라는 긍정적인 방법으로 표출한다. 실제로 우리의 공연은 노래라는 것에 불만이 휘둘려 약해지지도, 불만이라는 것에 노래가 휘둘려 무거워지지도 않았다. 내가 생각했던 그대로 우리는 그냥 재미를 느끼고 있었다. 유쾌, 상쾌, 통쾌. 정말로 간만에 속 시원하다고 생각했다. 그 기분을 놓치지 않으려고 서둘러 객석으로 돌아왔다.

다섯 번째 불만합창단이 등장했다. 즐겁게 노래를 부르고 공연을 한 그들은 이름 그대로 즐거운 불만합창단. 장애여성공감이라는 단체에서 조직되었다니 당연히 불만이 많을 수밖에. 그들이 불만을 말하면, 세상은 그녀들에게 '꼬였다'고 말해왔단다. 하지만 그 불만이 내 불만이 될 수도 있다는 사실을 이제야 알았다. 특히 "잘못된 전통을 거부하면서도 무의식적으로 따라간다"는 가사에 깊이 공감했다. 그 불만은 장애에만 국한된 것이 아니었다.

여섯 번째 무대도 여성으로만 구성된 꾀꼬리 불만합창단이었다. 진주여성민우회가 조직한 불만합창단으로, 그들은 우리에게 친숙한 〈여행을 떠나요〉를 개사해 불만을 노래했다. 그녀들의 관심은 육아, 외모지상주의에서부터 사회 전반에 넓게 퍼져 있었다. 공들인 의상과 손팻말도 인상적이었다.

일곱 번째로 누리꾼 불만합창단이 올랐다. 온라인에서 오프라인으로 나오기 힘들었다는 그들의 말과 불만을 부르는 모습은 자못 상충하는 것이었다. 가사도 좋고 노래도 좋았기 때문이다. 촛불 누리꾼들이 만든 단체라 그런지 정치적인 가사가 많았다. "소화기로 메이크업 물대포로 클렌징, 최소한 우리에게 온수를 달라"던 가사가 기억에 남는다.

여덟 번째는 공연장에 큰 반향을 일으킨 불만메들리그룹 익산 불만합창단의 순서였다. 무려 여섯 개의 곡을 개사한 방대한 메들리도 메들리지만 4~6세의 어린이부터 남녀노소를 불문하고 함께하는 모습이 실로 장관이었다. 아이들의 깜찍한 율동과 친숙한 노래들, 그리고 난데없는 꽃미남의 출연은 사람들을 흥분시키기에 충분했다.

　모든 순서가 끝나고 축제는 막을 내렸다. 불만으로 하나 되어 신나고 즐거웠다. 불만이 가득한 자리가 그렇게 재밌고 신나는 자리가 되었다는 것이 어쩌면 이상하게 들릴지도 모른다. 기대를 품고 간 나에게도 굉장히 이상한 체험이었으니까. 하지만 '불만이 가득한 재미있는 자리'에 내가 있었다. 부정적인 요소를 긍정적인 방법으로 표출하는 것은 가능했다. 폭력과 투쟁 없이도 여러 가지 불만이 서로 이해되고 받아들여지고 있었다. 대통령을 앉혀놓고 불렀대도 이해했을 거라고 믿을 만큼, 우리는 불만을 노래하는 것이 얼마나 훌륭한 일인지 알게 되었다. "우리가 만든 도구를 한국에서 훌륭하게 진화시켰다. 이제 불만합창은 훌륭한 소통의 장이 되었다"고 얘기하던 올리버의 말처럼, 불만을 노래한다는 것은 훌륭한 소통의 도구였다. 무엇보다 불만합창과 이 페스티벌의 진정한 장점은 '미치도록 재미있다'는 것이 아닐까.

축제가 끝난 자리, 아쉬움 한 자락

나름대로 성공적인 평가를 받은 축제였지만, 불만합창 페스티벌이 모두의 바람을 채우지는 못했다. 관악 한울림 불만합창단에게 표현의 제한을 했던 일은 아직도 마음에 걸린다.

발단은 이랬다. 불만합창 페스티벌 예행연습을 끝내고 나서 관악사회복지 선생님이 "노래를 마치면서 색종이를 던져 뿌리려고 하는데 괜찮을까요?" 하고 물어보셨다. 언어 장애와 지체장애가 있는 분들이 합창단원으로 참여했기 때문에 다른 표현은 여의치 않으니 색종이를 던지는 것으로 자신들의 불만을 표출하겠다는 의도였다. 일단 무대 위에서 벌어지는 모든 계획에 대해서는 연출가가 알고 있어야 하며, 최종 결정도 받아야 해서 연출가와 상의했다. 대답은 "불가"였다. 마지막 공연도 아닌데 색종이를 뿌려놓으면 다음 팀들이 공연할 때 썰렁하기 그지없다는 이유였다.

관악 한울림 불만합창단은 두 번째로 무대에 올라가는 팀이었으니, 그 뒤로도 순서가 많이 남아있었다. 그렇다고 공연 중간에 올라가서 바닥을 쓸고 치울 수도 없는 일이어서 난감했다. 나는 진행 담당자로서 불만을 표현하는 것이라면 뭐든 다 된다고 해놓고, 막상 의견을 제시하는 팀에게 그건 안 된다고 해야 하는 난처한 처지가 되어버렸다. 그동안 줄기차게 이야기했던 것을 부정하는 꼴이 되어버렸으니 어떻게 말을 해야 할지 몰랐다. 아니나 다를까 예상했던 반응이 나왔다.

"마음껏 불만을 표출하라고 해놓고, 색종이 하나 집어던지지 못하게 하는 게 말이 돼요?"

할 말이 없었다. 맞는 말이니까. 연출가는 계속 '불가방침'을 고수하는데, 관악 한울림 불만합창단은 못하게 해도 하겠단다. 난감해도 이렇게 난감할 수가 없다. 불만합창단의 정신과 여러 팀이 참여하는 불만합창 페스티벌이라는 공연의 완성도 사이에서 중대한 선택을 해야 했다. 결국 나는 후자를 선택했다. 한울림 불만합창단의 입장은 충분히 이해하지만, 다음 공연 팀들을 배려해달라고 부탁했다. 그때 내린 결정이 과연 올바른 것이었는지는 지금도 잘 모르겠고, 정답이 있는 것 같지도 않다. 이 지면을 빌려 한울림 불만합창단에게 다시 사과와 양해의 말씀을 드리고 싶다.

연출의 개입을 줄인다고 줄였는데도 행사에 참여한 불만합창단원들에게서 잘 짜인 행사에 참여한 느낌이 들어 아쉽다는 반응이 나왔다. 백번 동의한다. 하지만 누가 뭐래도 불만합창단은 모두의 힘으로 만든 것이었고, 잘 부르든 못 부르든 우리는 그 상황이 무척이나 즐거웠다. 불만합창 페스티벌이라는 '판'은 누군가가 깔아놓았더라도 자발적인 참여 없이는 대회가 치러질 수 없었다는 사실을 모두가 분명하게 알고 있었다. 무엇보다 이날 페스티벌에 참여한 모두의 가슴속에 자부심이 넘쳐흘렀다는 것을 부정할 수 없었다.

관객으로 참석하고 시상자이자 불만합창 창시자로 소개된 올리버는 "판타스틱"을 연발하며 모든 찬사의 표현을 동원해 불만합창의 새로운 지평을 열었다는 칭찬을 아끼지 않았다. 하지만 행사를 준비한 담당자로서 칭찬보다는 비판에 더 신경이 쓰일 수밖에 없고, 좀 더 잘할 수 있었다는 아쉬움이 크다. 연출의 부작용을 막으려고 온 힘을 쏟았지만, 그럼에도 미진한 부분이 있었다면 그건 순전히 주최 측의 부족함 때문이다. 앞으로 더 멋진 모습으로 불만합창의 정신을 마음껏 살릴 기회가 계속 있을 것으로 생각한다. 우리는 희망을 노래했고 희망의 증거를 봤으니 충분히 가능할 것이다.

모두에게 상을 수여하다

우리는 등수를 매기는 경연 방식을 택하진 않았지만 참여한 팀 모두에게 기념이 될 만한 뭔가를 주고 싶었다. 그래서 페스티벌에 참여한 불만합창단의 특징을 잘 살려는 작은 크기의 크리스털 기념패를 제작하고 적당한 상을 주기로 했다.

고심 끝에 드디어 각 팀에게 들어맞는 상 이름을 정했다. 말괄량이 봉천동 공부방 소녀들에게는 '세상을 다 가져라상', 용기 있는 시민의 전형을 보여준 누리꾼 합창단에게는 '굳세어라 촛불아상', 북아현동 주민과 북아현동에서 학교를 다니는 학생들이 함께 노래한 북아현동 합창단에게는 '아름다운 우리 마을상'을 수여했다. 한편 아장아장 어린이부터 60대까지 가장 다양한 연령대의 합창단원을 보유했던 익산팀에게는 '일곱 빛깔 무지개상'을, 대한민국 아줌마의 건강함을 보여주었던

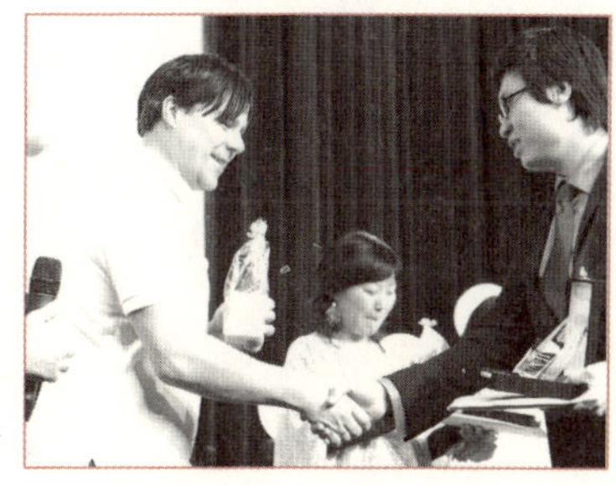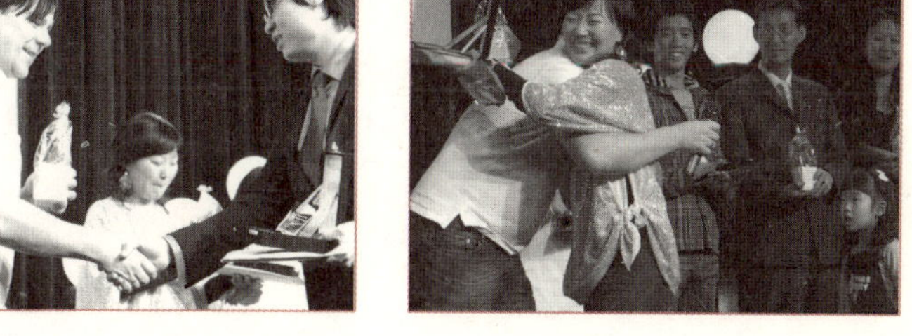

[시상식 모습]

진주 꾀꼬리합창단에는 '즐겁게 노래해상', 자신들의 목소리를 아름답고 당당하게 외친 관악 한울림 합창단에게는 '널리 퍼져라상', 장애여성공감 합창단에게는 '감사한 공감상'을 수여했다. 마지막으로 서울 멋대로 불만합창단에는 '희망씨앗 상'을 수여했다. 상패를 들고 기뻐하는 모습을 보니 1등도 없고, 꼴찌도 없는 우리의 축제가 자랑스러웠다.

상을 준비했지만 우리는 여전히 2퍼센트가 부족한 느낌이었다. 자칭 희망제작소 '공식 캘리그래퍼' 혜연은 정성 가득한 손 글씨로 상장도 감사장도 아니요, 그렇다고 증명서는 더욱 아닌, 감사의 마음을 담은 작은 크기의 메모를 준비해 불만합창 페스티벌에 참여한 모든 사람에게 나눠 주었다.

○○○ 님
다른 사람의 불만을 들어주고,
공감의 박수를 열렬히 쳐준 당신
불만합창단에 함께 하신 당신이 고맙고 자랑스럽습니다.

바쁘게 행사를 준비하는 와중에 이런 뜻밖의 선물을 준비한 것에 모두 감동했다. 모두가 열정을 쏟아 만든 우리의 축제, 공감과 감동의 밤이 그렇게 지나가고 있었다.

페스티벌을 넘어, 지역사회를 향해

불만합창 페스티벌의 막이 내렸다. 여기저기서 이것이 단지 일회성 행사로 그치는 것 아닌가 하는 우려를 제기했다. 그러나 각 불만합창단의 이후 활동에 대해서는 조직과정에서부터 그랬듯, 각자의 갈 길이 있는 것이니 이래라저래라 할 수도 없고 그래서도 안 된다고 생각했다. 서울 멋대로 불만합창단은 여러 매체에 소개된 탓인지, 꽤 많은 공연요청이 들어왔다. '나라걱정가요제' 외에 몇 차례의 공연을 하고서, 2기를 조직해 희망제작소 3주년 행사에서 공연도 했다.

모든 불만합창단이 후속 모임을 계속 하는 것은 아니지만 각 단체의 역량과 상황에 따라 이후의 활동을 모색하고 있다는 소식이다. 어느 불만합창단 가사에 등장한 것처럼 문화행사가 드문 지역에서는 불만합창 공연도 꽤 인기 있는 레퍼토리가 되었다고 한다.

익산희망연대는 창립 5주년 기념행사 공연을 성황리에 마쳤다는 소식을 전해왔다. 국악강사이자 두 딸의 엄마이기도 한 송민영 단장은 딸들을 비롯해 다양한 연령대의 사람들과 함께 하며 조금씩 서로에 대한 이해를 넓혀가던 순간의 어려움과 보람이 생생하다고 했다.

"축제에서 불만을 토로하면서 속은 후련했지만, 저희의 불만이 사회에 어떠한 영향을 미쳤는지는 잘 모르겠더라고요. 그래서 다른 시민단체에 가입하는 등, 지역사회의 꿈을 현실이 되도록 약한 힘이나마 보탬이 되는 일을 계속 하려고 합니다."

풀뿌리 여성운동단체인 진주여성민우회는 여러 차례 공연을 선보여 지역사회와 단체 회원들에게 폭넓은 지지와 공감을 끌어냈다. 게다가 불만합창 관련 프로그램까지 제작해 지역방송에서 방영할 예정이란다.

"척박한 환경에서 여성운동과 지역운동을 하면서 저희 스스로 신명나거나 대중에게 박수를 받은 적은 드물었어요. 불만합창단을 하면서 희망을 봤어요. 처음엔 불만을 어떻게 노래해야 하는지 몰라서 힘들었지만 공연마다 큰 박수를 받아서 굉장히 좋았답니다. 회원들이 즐거워하고 반응도 좋아서 문화소모임으로 계속 운영할 생각이에요."

각자 직장 생활하랴, 시민활동 하랴, 아이들 키우랴, 바쁘고 힘겨웠지만 또 무슨 일을 벌일지 궁리하느라 바쁜 그녀들. 다음 공연 때는 지역과 개인의 불만을 더 넣어 노래하고 싶다는 멋진 여성들이다. 페스티벌 때 불렀던 가사 중에 '어린이 공연에 동반하는 어른 입장 할인'은 실제 운동으로 끌고 갈 예정이라고 했다. 가사인즉 이러하다.

어린이 공연엔 보모 없어! / 따라가는 어른도 표 받아 / 그렇다면 할인을 해야지
할인은 왜 안 해~ (할인은 왜 안 해~) / 할인을 해줘야지 공짜라면 복 받을 겨

장애여성공감 역시 여성단체지만 장애여성을 위한 문화운동 등 폭넓은 활동을 펼치고 있다. 상근자인 정영란 씨는 준비 기간이 짧아서 단원 전체가 호흡을 맞출 시간이 없었지만, 무사히 무대에 올라 다행이었다고 전했다. 무대경험이 많은지라 단원들의 끼와 공연 적응력이 돋보인 팀이었다. "늘 버릇처럼 이야기하는 짜증스러운 불만을 재밌게 표현할 수 있다는 것을 알게 된 새로운 경험이었습니다. 장애가 있는 여성들의 불만을 사람들이 무겁지 않게 공감했던 점이 가장 좋았어요."

관악사회복지에서 운영하던 한울림장애인야간학교는 이제 독자적으로 운영하게 되었다고 한다. 김주현 운영팀장은 불만합창을 음악 및 자유시간 프로그램으로 활용할 계획이란다. 불만합창에 대해서 공연장의 장애인 접근성과 시각장애인용 점자 가사집이나 청각장애인을 위한 수화통역사 배치 등을 주문하기도 했다. "불만합창은 삶에서 우러나는 불만을 가볍고 대중적인 멜로디에 실어 부르는 새로운 대안적 저항문

[진주 꾀꼬리 불만합창단]

화로 발전할 가능성이 크고, 대중의 공감을 끌어내기에 충분하다고 생각합니다. 구성원이 같이 만든 노래를 함께 부를 때마다 후련함을 느꼈으니까요. 공연 날 아침까지 무대에 서는 게 두렵다던 학생이 몇 시간 전에 참가하겠다고 공연장으로 찾아오고, 뇌성마비 장애가 있는 한 학생은 연습과정에 참여하며 적극적으로 변했어요. 불만합창단 활동사진으로 플래시를 만들어 미니홈피에 올리기까지 한 것을 볼 때 매우 보람이 있었어요."

지역에 바탕을 둔 단체들은 애초 불만합창단 조직 단계에서부터 희망제작소에서 관여하지 않는 것을 원칙으로 했고, 이후의 활동도 전적으로 단체의 재량에 맡겼다. 불만의 씨앗들이 싹 틔운 희망으로 자라나며 반가운 소식이 전해지길 바라며, 우리가 도울 일이 생기면 돕는 역할을 하기로 했다. 시간이 흘러 불만합창이 여기저기서 울려 퍼지게 된다면 언젠가 다시 손을 맞잡고 노래할 기회가 있기를 기대해본다.

불만에 대한 편견에 노래로 대항하기

"뭐, 불만합창단? 으하하하하. 별걸 다 들어본다."
"왜 하필 불만이야? 기왕 하는 거 '희망' 합창단으로 바꾸면 어때?"
"왜 자꾸 불평불만 같은 어두운 면만 다루지? 너무 부정적인 거 아냐?"
"우린 애써서라도 긍정적인 면을 봐야 해."

불만합창단에 대한 일반적인 반응은 우리 사회가 불평불만을 대하는 태도를 극명하게 보여준다. 불평불만은 부정적인 것이고, 이렇게 부정적인 것을 붙들고 늘어지는 것은 비생산적이라는 생각이 그것이다. 게다가 불평불만을 말하는 사람은 어딘가 비뚤어진 게 분명하다는 인식마저 있다. 이러한 사회 분위기 속에서 개인 또는 특정 집단의 불만은 무시되기 일쑤다. 누군가 불만을 표출하면 불만을 유발한 자들은 이에 질세라 찍어 누르거나 제압하려고만 했다. 왜 그럴까? 많은 사람이 불평불만은 갈등을 유발하고 사회통합을 저해한다고 생각하기 때문이다.

불평과 불만에 대한 우리 사회의 인식이 이토록 부정적이어서일까? 불만을 표출하는 방식, 불평의 사회적 유통은 언제나 시끄럽거나 과격할 수밖에 없었다. 거세게 누르는 불만 유발자의 힘을 뚫고 나와야만 그 불만이 세상에 닿을 수 있기 때문이다. 개인적인 불만은 그 형편이 더욱 나쁘다. 사적인 불만은 집단화하지 않으면 표현할 출구도 공감을 받을 통로도 없다. 게다가 개인적인 불만은 공적인 영역에 밀려 언제나 늘 사소하고 덜 중요한 것으로 다뤄지지 않았던가.

'화병'이 괜히 생긴 것이 아니다. 세계가 인정한 대한민국 발(發) 정신 질환. 분노를 억제함으로써 발생하는 이 분노 증후군은 온갖 신경성 질환과 통증을 유발하고 정상적인 삶을 방해하는 심각한 병이다. 자살률 1위 국가라는 불명예도 어느 날 갑자기 만들어진 것이 아니다. 전통적으로 개인의 불만은 억제하고 절제하는 것을 미덕으로 여긴데다가, 시절이 하도 수상하여 '막걸리 보안법'이 우리 사회를 억누르던 시기를 지나왔으니 불만이 울화로 터져 나올 수밖에 없지 않았을까.

개인이 좀 더 많은 발언을 할 기회가 필요하고, 감정을 호소하고 인정받는 장소가 더 많이 만들어져야 한다. 개인의 불만은 아무것도 아니라고 무시하는 사회가 파쇼다. 어쩌면 우리는 스스로 깨닫지 못한 사이에 꽉 막힌 사람이 되었는지도 모를 일이다. 불만을 듣고 공감한다는 것은 개인의 의견과 감정을 존중하는 것을 의미한다. 이것이 바로 모두가 행복해지는 길의 시작이다. 불만을 노래하는 것은 결국 희망을 노래하는 일이었다. 실제로 우린 노래를 부르는 내내 유쾌했다. 불만을 노래한 페스티벌이었지만 모두의 얼굴에 웃음꽃이 활짝 피었다. 불만이 유쾌한 에너지로 바뀌는 순간이었다.

지금까지 불만은 참거나 술 한 잔 마시고 토로하거나 하다 안 되면 폭발하고 마는 우울하고 부정적인 것으로 생각되었다. 하지만 이제 그런 생각을 바꿔야 한다. 불만에서 긍정의 에너지를 만드는 일은 뜻밖에 간단하다. 불만을 이야기하는 것을 두려워하지 않으면 된다. 마음속에서, 입에서 뭔가 토해내고 싶어 와글거리는 것을 피하지 말고 즐기면 된다. 불만이 있다면 마음을 활짝 열고 노래하면 되는 것이다. 불만합창 페스티벌이 남긴 교훈은 이렇게 명쾌하고도 유쾌했다.

불·만·합·창·단

5부

불만은

계속 되어야 한다

불만이 드러낸 사회상과 자아상

전국적으로 불만합창단을 결성하고 나니 아주 재미있는 현상이 나타났다. 여초 현상이다. 멋대로 불만합창단을 비롯해 합창단 대부분에 남성보다 여성 구성원이 많았다. 아예 여성만으로 구성된 불만합창단도 있었다. 멋대로 불만합창단의 경우, 모임 초기에는 남성 단원이 이렇게 적지는 않았다. 하지만 시간이 지나면서 인원이 점차 줄더니 끝까지 함께 한 남성 단원은 5명밖에 되지 않았다. 우리와 비슷한 시기에 모임을 시작한 스웨덴 스톡홀름 불만합창단도 첫 모임에서 "왜 불만합창단에 참여한 남자들이 없는 거야"라고 불평했다고 하니, 불만합창단의 여초 현상은 세계적인 현상일까? 왜 불만합창단에 여성의 참여가 활발한 걸까?

여성의 여가 활동에 대한 통상적인 설명은 여성과 남성의 노동조건에 대한 이해로부터 풀어간다. 여성고용의 비율이나 형태를 생각했을 때 여성이 남성보다 가용할 시간이 더 많기 때문이라는 것이다. 그러나 우리 사회는 여자고 남자를 떠나 다들 엄청나게 바쁘다. 돈을 많이 버는 사람들은 일이 많아 바쁘고, 돈을 적게 버는 사람들은 일을 많이 해야

156

하기 때문에 바쁘다. 여성이 가용할 시간이 많아서 불만합창단에 더 참여한다는 것은 너무 단순한 분석일 테다. 그렇다면 또 어떤 이유가 있을까? 노래를 부르는 게 다소 여성적인 활동처럼 느껴질 수도 있겠다. 전통적으로 노래를 부르는 것은 여성의 활동으로 여겨져 왔으니 말이다. 한편, '노래를 못해도 되나요?'라고 물어보는 사람 중 여성이 극히 적었고, '하고는 싶은데 노래를 못해요'라고 말하는 사람 중 여성이 극히 적었던 경험에서 귀납하자면, 여성이 '뭔가 새로운 것'에 조금 더 유연하게 반응하고 조금 더 열린 태도를 보이기 때문이라는 분석도 가능하다. 복잡다단한 (사회)현상을 생물학적인 이유 하나로 분석하는 것만큼 단순하고 위험한 일도 없지만, 불만합창단의 여초현상이 비단 한국만의 상황은 아니라면 이러한 분석을 한 번쯤 시도해도 괜찮지 않을까?

여성이 불만합창단원의 다수를 차지하는 이유에 대해 정확히 진단하긴 어렵지만, 사회 공동체가 활성화될수록 여성의 참여가 중요해지는 것만은 확실하다. 그간의 경험을 미뤄 보아도 조직을 유지하고 관계를 형성하고 공동의 결과물을 만들어내는 데 있어 여성의 참여 여부는 영향을 끼친다. 심지어 전통적으로 남성의 힘에 의해 마을이 유지되는 농촌사회도 마찬가지다. 요즘 농촌지역에서 '마을 만들기'가 잘된다는 곳을 답사해 보면 백이면 백, 부녀회를 비롯한 여성 공동체가 활발히 활동하고 있음을 알 수 있다.

비록 마을 대표를 남성이 맡고 있다 하더라도 여성이 움직이지 않으면 '마을 만들기'를 지속하기 어렵다는 것은 남성 대표들의 공통된 지적이기도 했다. 우리보다 시민사회가 발전한 서구 사회나 가까운 일본의 경우만 해도, 여성이 지역 공동체의 주체가 되어 적극적으로 활동하고 있다. 이들의 활동은 점점 진화해 마을 안에만 머무르지 않고, 지역의 자원을 발굴해 새로운 사업 모델을 만들어 지역의 경제적 부를 창출해내는가 하면, 주부 정당을 만들어 지역사회와 가정에 필요한 것에 대해 발언하고 지역의원에 출마해 마을 공동체의 삶을 개선하는 데 앞장서고 있다.

불만합창단이라는 하나의 문화 행사에 대한 분석치고 너무 과한 해석을 한다고 할 수도 있겠지만, 불만합창단 여초현상은 처음부터 여성이 공동체의 중요한 구성원이었고, 공동체를 만들어가는 데 있어 중요한 주체로 등장했다는 현상을 보여주는 증거가 아니었을까.

불만을 보니 우리 사회가 보이네

모두의 불만을 모아놓고 나니 우리의 일상과 사회가 결코 떨어져 있는 것이 아니라는 사실을 알게 된다. 종이에 빼곡한 불만은 지금 우리가 어떤 고민을 하고 있고, 우리가 사는 사회가 어떤 곳인지를 여실히 보여주고 있었다. 하얀 전지에 모인 400여 개의 불만은 우리 시대의 자화상이었다.

남들 다 하는 펀드 좀 해보려고 가입했더니 시작하자마자 곤두박질을 치고 드라마에서는 손만 들면 택시가 와서 잘도 서는데 아기를 둘러업고 아무리 기다려도 택시는 오지를 않고 기껏 탄 택시 기사는 중간에 내리라고 해. '취직은 언제 해' '결혼은 안 하니' 관심도 없으면서 으레 물어보는 질문들. 결혼은 이미 선택사항이 된 지 오래라고 떠들어대고 있건만, '88만원 세대' 비정규직 인생, 부모 떠나 월세방 하나 얻기도

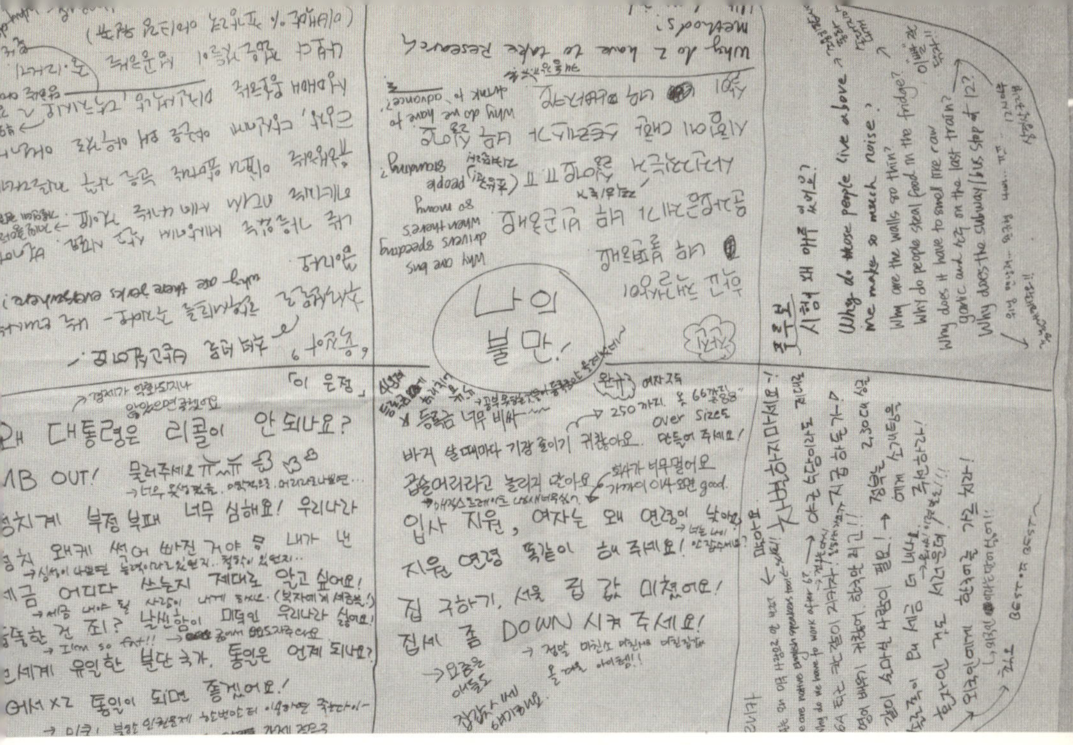

[불만은 사회의 거울] 시민사회의 불만을 모으면 그 시대를 알 수 있다.

어렵다. 집값이 비싼 걸까? 아니면 내가 가난한 걸까? 몇 년 동안 연락 없던 친구는 갑자기 메신저로 말 걸더니 청첩장을 보내네. 난 그저 솔직할 뿐인데 사람들은 나더러 기가 세다고 하고. 애 낳으라고 노래를 부르는데 정작 유모차는 버스도 못 타. 어렵게 나고 자란 애들이 놀 수 있는 데라곤 학원밖에 없어. 늦은 시간 지하철엔 삼겹살 냄새가 진동하고 출근길 만원 버스는 왜 이렇게 품위를 유지할 수 없게 하는 거야. 버스는 12시에 끊기니 놀 수도 없어. 음식물 쓰레기는 넘쳐나는데 밥 굶는 사람들은 왜 이리 많은지. 고상하게 살아보려고 월급 쪼개가며 보험 들었더니 죽을병에 걸려야만 탈 수 있다네.

아, 어쩌란 말인가. 이게 정말 다 우리 탓일까? 우리가 무능하고 게을러서? 이쯤 되면 정부를 보는 시선 역시 고울 수 없다. 경제를 살리겠다고 호언장담하며 당선된 지 일 년이 지났건만, 삽 한 자루 들고 땅 파는 것도 모자라 돈을 주고 미친 소를 수입하고, 반복되는 거짓말에 해명은 오해라고 하니……. 대통령은 리콜 안 되나요?

혼자가 아니야

우습기도 하고 슬프기도 하고 안쓰럽기까지 한 삶의 단면을 보고 있자니 '남들이라고 해서 별나게 사는 것이 아니구나.' 하는 생각이 들기도 하고, 사람 사는 게 다 그렇다는 동질감을 느끼기도 한다. 막말이 나올법한 상황이지만 그것을 유머와 위트로 맞받아치는 이들도 많았다. 불만을 표출하는 방법은 무궁무진하지만, 무엇보다 유머는 굉장한 힘이 있었다.

예전에 '공감놀이'라는 것이 인터넷에서 유행한 적이 있다. 예를 들면 "대학 가면 바로 살이 빠지는 줄 알았어요." "서른만 되면 모든 고민이 사라지는 줄 알았어요." 하고 누군가 글을 올리면 '저도요.' '나도요.' 하면서 공감 댓글이 주렁주렁 달리는 것이다. 개인의 경험이나 느낌이 누리꾼의 공감을 불러일으킨다는 것이 재미의 요소였다. 평범하기 이를 데 없는 일상의 모습에 환호하고 재밌어하며 댓글을 다는 사람들의 심리가 지금 우리가 불만을 바라보는 딱 그 심정이 아닐까 한다.

나의 불만과 남의 불만이 다르지 않다면 그건 우리의 불만이 되는 것이다. 이제 그것은 개인적인 불만만은 아니다. 여러 사람의 불만이 모이면 정치적인 것이 되고, 그것은 사회적으로 해결해야 할 '의제'이기도 하기 때문이다. 불만합창단은 불만을 모으고 공감하는 데서 그치지 않고, 그것을 노래로 만들어 모든 이에게 회자하도록 했다. 그것이 아름다운 이유는 공감을 이어준다는 것, 곧 나의 문제가 너의 문제이며 우리의 문제라는 연대를 경험하게 하기 때문일 것이다. 이렇게 우리의 문제가 모두에게 공유될 때, 세상을 변화시킬 놀랍고도 창조적인 힘이 생겨난다는 것을 지난해 여름 우리는 뜨겁게 경험했다.

불만합창이라는 훌륭한 도구를 통해 불만을 한바탕 풀고 보니, 우리는 남이 아니라 같은 고민을 하며 호흡하는 동시대인이라는 진한 연대감을 느꼈다. 사람과 사람 사이에 편을 가르고, 높고 낮음을 부여하고, 대화를 단절하고, 개인을 고립시키고 외롭게 만드는 건 어쩌면 개인이 아닌 비뚤어진 사회의 문제인지도 모른다. 혼자일 때는 잘 몰랐지만 여럿이 이야기를 하니 명확해지는 것이 있다. 그것은 바로 우리가 혼자가 아니라는 사실이었다. 그리고 보니 불만합창단 공연을 마치고 나면 왜들 그렇게 눈시울이 붉어지고, 옆에 선 동료 단원들을 끌어안았는지,

[우리는 서로 연결된 존재]

그 장면을 보는 사람들마저 왜 코끝이 찡하고, 눈물이 핑 돌았는지 알 것 같다. 불만합창단은 나만의 불만이라고 생각했던 것을 누군가와 함께 노래하기도 하고, 한 번도 나의 경험인 적이 없었던 불만을 노래하기도 하면서, 우리가 파편화된 존재가 아니라 다른 누군가와 연결된 존재라는 소중한 경험을 주었기 때문일 것이다.

불만합창단을 향한 정치적 시선

재정 후원 없이 불만합창 페스티벌은 불가능했다. 우리는 불만합창 페스티벌을 기획한 순간부터 운영자금을 확보하려고 애썼다. 몇 날 며칠을 고생해가며 제안서를 만들어 여기저기 보냈지만 허사였다. 통화를 하면 대뜸 묻는다.

"정치적인 불만도 들어가나요?"

"(못 알아듣는 척하며) 네? 정치적이란 말씀은……."

"아 뭐, 대통령이나 정부에 대한 그런 불만도 들어가느냐고요."

"불만합창단은 불만에 제한을 두지 않기 때문에, 지금 내용을 말씀드리긴 좀 어렵네요."

이야기가 이렇게 흘러가면 후원에 대한 논의는 끝이다. 희망합창단으로 이름을 바꾸면 후원을 받기가 훨씬 쉬울 수도 있을 거라며 아쉬워하는 이도 있었다. 처음에는 굉장히 재미있겠다며 꼭 같이 좋은 행사를 만들어보자면서 우리보다도 적극적으로 나섰다가, 사측의 불허 통보를 그 누구보다 아쉬워하며 전하던 한 기업의 사회공헌 담당자도 있었다.

우리가 이렇게 번번이 거절당한 이유는 단 하나. '불만'에 담긴 정치적 부담 때문이었다. 후원한 행사에서 정치권을 향한 불만이 쏟아져 나오면 기업으로서는 처지가 곤란해질 것은 불 보듯 뻔한 상황. 정치적 부담을 피하고 싶은 그들의 상황을 이해 못 하는 바는 아니다. 다만 하고 싶은 말은 할 수 있는 사회를 만들고자 그간 애써 기울인 노력이 정권이 교체된 몇 달 사이에 수포로 돌아가고 있다는 것을, '불만합창단'이라는 작디작은 프로젝트를 진행하는 동한 절감했을 뿐이다. 유머와 풍자마저 두려워하는 사회가 되어가고 있으니 좋은 징조는 아니었다.

"혜연 씨, 출장 갔다 오면 바로 불만합창단 설명회 해야 하니까 설명회 초청장 발송할 단체 좀 추리고 가세요." 나는 시민단체 주소록을 받아 불만합창단에 관심 가질 법한 단체들, 불만합창단을 조직하면 재밌을 것 같은 단체들을 찾아 리스트를 만들어 전달하고 가벼운 마음으로 출장길에 올랐다. 장애여성, 성적소수자, 이주노동자의 불만합창단처럼 개인의 정체성을 활동의 기반으로 하는 단체들로 불만합창단을 만들면 좋겠다 싶었다. 마땅한 소통의 창구가 없는 이들이 불만합창단을 만든다면 '일반' 사람들은 정말 생각지도 못한 불만과 접속할 수 있지 않을까, 그것은 또 얼마나 의미 있는 소통일까 하고 생각했다. 다양한 경험과 이력과 정체성을 가진 사람들이 참여한 가운데 또 그만큼 다양한 불만이 한자리에 어우러지는 자리를 만드는 것도 의미 있겠지만, 소수자들의 경험이 왜곡 없이 그대로 소통되는 열린 공간이 우리 사회에 과연 얼마나 있을까라는 생각이 컸다. 그래서 무엇보다 특정한 정체성을 공유한 사람들의 불만합창단이 만들어지기를 바랐다. 그러나 이런 희망은 사회창안센터 내부에서부터 부딪히기 시작했다.

"특정 이슈를 갖는 단체가 불만합창 페스티벌에 참여한 것만으로 사람들은 '뻔한 얘기 하겠네' 할 거에요. 비정부기구NGO에 대해 이해가 없는 사람들은 불만합창단 자체에 기부감만 가질 기예요."

"그런 생각 자체가 말이 안 돼요. 누구는 되고 누구는 안 된다고 할 수 없잖아요."

"이런 우려가 불만합창단에 대한 일반적인 반응일 수도 있다는 걸 염두에 둬야죠."

"지금껏 불만을 제대로 얘기하지 못한 집단이 참여하는 것 자체로 불만합창단의 의미가 풍부해질 거예요."

"다양한 사람이 모인 곳에서 장애여성이나 이주노동자, 동성애자들의 불만이 자연스럽게 표출되는 편이 더 의미 있지 않겠어요?"

"그렇게 말할 수 있는 사람이 우리 사회에 얼마나 되느냐가 문제겠죠."

예상치 못한 우려와 비판 때문에 갑론을박은 한 달 가까이나 계속되었다. 그럼에도 불만합창단의 기본 원칙을 믿었고, 어떤 주의나 주장을 가진 단체라 해도 불만합창단이 지켜야 할 기본 원칙을 잊지 않는다면 그들의 주장이나 조직자의 '입김'에 따라 불만의 내용과 방향이 좌지우지되지는 않을 것으로 생각했다.

정체성을 바탕으로 활동하는 단체를 불만합창단에 초대하고 싶었던 이유는, 나와는 다를 수밖에 없는 삶의 경험에서 결정結晶되는 불만과 접속하여 나의 경험을 객관화해보면 좋겠다는 의도가 있었다. 또한 주의·주장으로 무장한 듯 보이는 시민단체의 활동가나 회원이 개인으로서 가진 내밀한 불만은 무엇일지 궁금하기도 했다. 이들도 적은 급여나 힘든 노동강도에 대해 불평할까? 개인적 욕구의 충돌은 어떤 식으로 해결할까? 과연 이러한 내용을 노래할 수 있을까? 한 단체 안에서 불만합창단은 하나의 '사업'이 되겠지만 불만합창이라는 '축제'의 성격이 사라지지 않는 한 '사회적이고 정치적인 자아'가 아닌 활동가의 '내밀한 자아'가 어떻게든 나타날 것이란 생각을 했다. 만약 나타나지 않는다면 거기까지가 우리 사회의 모습일 것으로 생각했다.

장애인 야학의 학생과 선생님들은 '짝궁둥이에 안 맞는 청바지' '이 나이가 되도록 부모에게 용돈을 타는 처지'에 대한 불만을 노래했다. 장애여성단체가 만든 불만합창단의 불만 중에는 페미니스트라는 자기 선언을 했지만, 어느새 '전통적'인 것을 좇아가는 자신을 발견한다는 내용도 있다. '운동권보다 더 무서운 놈들'이라는 촛불 누리꾼들은 '밤에 전화해 자냐고 물어보는 옛 남친' 같은 개인적인 불만을 토로했다. 이러한 개인적인 불만은 그들이 속한 단체의 대사회적 발언과 불일치하기도 한다. '아니, 이들이 어떻게 이렇게 말할 수 있어?'라는 실망을 느끼는 사람도 있을 것이다. 하지만 그런 실망보다는 긴 유쾌함이 남는 것은 어떠한 주장을 향해 공동의 목소리를 낼 수 있지만, 개인은 공동의 주장 하나로는 포괄할 수 없는 다채로운 존재라는 사실을 보여주기 때문이다. 집단의 이해와 주장과 일치하지 않더라도 개인의 목소리를 마음껏 낼 수 있는 공간을 자꾸자꾸 만들어야 한다. 이와 더불어 필요한 것은 다채로운 목소리가 집단의 단일함을 해친다기보다는 그 힘을 더욱 풍부하고 강하게 할 것이라는 믿음이다.

노래만 부르면 무슨 소용이 있나요

불만합창단에 대해 열심히 설명하고 나면 빠지지 않는 질문이 있었다. 똑같은 질문이 매번 반복되는 것만큼 맥 빠지는 일이 또 있을까.

"불만합창단의 진짜 목적이 뭔가요?"

"다 같이 노래 부르고 나서 그다음엔 뭘 하나요?"

"의도는 좋은데, 노래만 부르면 무슨 소용이 있나요?"

이 질문들은 모두 불만합창단의 '최종' 목적지가 어디냐고 묻는다는 점에서 같은 내용이다. 똑같은 질문이 반복되는 게 재밌기도 하고 한편으론 의아하기도 했다. 이러한 질문은 불만합창단 조직에 관심을 보이는 사람들이 비슷한 사고의 경향성을 갖고 있다는 것을 보여주는 듯했다. 그것은 불만합창단이 그저 노래만 부르고 끝나는 행사가 아니냐는 우려와 희망제작소라는 단체가 이런 큰 프로젝트를 아무 이유 없이 하지는 않을 것이라는 기대였다. 그냥 노는 것은 안 되고, 놀더라도 의미가 있어야 하고, 프로젝트의 수행을 통해 뚜렷한 결과가 나와야 '뭔가 했다'라고 말할 수 있지 않겠느냐는 것이다. 불만을 모아서 '도대체 무엇을 할 거냐?'라는 질문을 바꿔 말하면 불만을 모았으면 토론회를 열거나, 캠페인을 하는 식으로 어떻게든 불평불만이 해소되어야 '시민사회단체의 진짜 프로젝트'가 아니겠느냐는 뜻이었다.

처음엔 우리도 불만합창단을 꾸려본 경험이 없던 터라 불만합창단 이후에 대해서는 충분히 생각하지 못한 것이 사실이었다. 그러니 반복되는 질문에 지극히 모범적인 답안을 내놓을 수밖에 없었다. 일단 불만합창단을 만드는 과정 자체가 목표이며, 내 이웃을 만나 서로 이야기를 듣고 이해하고 합의하는 과정을 경험해보는 것, 이것이야말로 민주주의를 학습하고 주민참여의 새로운 방법을 시도하는 것이 아니겠느냐, 그리고 이것으로 충분히 의미 있지 않겠느냐고 말이다.

불만합창 페스티벌을 끝내고 나서 곰곰이 생각해 보니, 불만합창단은 똑 떨어지게 정의내릴 수 없는 프로젝트였다는 생각이 든다. 애초에 정의가 불가능하니 의미도 원하는 대로 붙일 수 있다. 요컨대 불만합창은 그 자체로 말랑말랑한 스펀지일지도 모른다는 생각이다. 받아들이는 사람에 따라 불만합창단을 만들어가는 과정 그 자체를 충분히 즐기는 데 의미를 둘 수도 있고, 일종의 새로운 민주주의를 실험해 본다는 것에서 만족을 구할 수도 있고, 또 이를 계기로 해서 뭔가 한 단계 진전된 형태의 '운동'으로 나아갈 수 있을지도 모른다는 기대에서 그 의미를 찾을 수도 있을 것이다.

어느 쪽이든 좋다고 본다. 중요한 것은 우리의 경직된 사고와 모든 일에 의미를 부여해야만 뭔가 벌어지고 있다는 진중함에 대한 압박에서 벗어나는 것이니까.

혜연 생각 : 나는 개인적으로 불만합창단의 과정과 활동 그 자체에 의미를 두었는데, 현지는 사회운동의 방법론적인 측면에 주목하는 경향이 있었다. 프로젝트를 준비하면서 내가 주로 "이게 재밌을까? 좀 더 자연스럽게 흘러갈 수는 없을까?"를 고민했다면 현지는 "어떻게 하면 더 많은 사람을 모아서 더 큰 목소리를 효과적으로 낼 수 있을까?" 라는 얘기를 많이 했던 것 같다.

'사소한 것'과 '정말 중요한 것'

전지에 빼곡히 적힌 불만 중 아무리 생각해도 그 뜻을 알 수 없는 불만이 하나 있었다. "문자 요금제 너무 빈곤해요." 엉? 그동안 정보에 무관심했나? 모르는 신조어가 생겨났나 보다. 도대체 이건 무슨 뜻일까? 문자요금제가 가난하다니? 문자요금이 너무 비싸단 말인가? 그래서 가난해졌다는 말이겠지? (여러분도 한번 생각해보시라.)

멋대로 불만합창단 두 번째 모임에서 한 모둠이 '문자요금제 너무 빈곤해요'를 가사로 뽑으면서 드디어 의혹이 풀리는 순간이 왔다. 이 불가해한 불만의 주인공은 유일한 10대 참가자 찬진이었다.

"10대들은 대부분 휴대전화 요금을 정액제로 써요. 근데 이 요금제는 문자를 많이 쓰면 쓸 수 있는 통화량이 줄고, 통화를 많이 하면 문자 메시지 양이 제한되죠. 우리는 문자를 주고받는 경우가 대부분이긴 하지만 정작 급하게 통화를 해야 할 때는 통화요금이 바닥나서 못 하는 경우가 있어요. 이런 문자요금제가 불만이에요."

'문자요금제 너무 빈곤해요'는 이런 불만을 담고 있었다. 그런데 예상치 못한 것은 이 불만을 둘러싸고 멋대로 불만합창단원들 사이에는 그야말로 격론이 오갔다는 것이다. 일단 무슨 말인지 알아들 수 없으니 '청소년용 정액요금제 불만이야'와 같이 말을 바꾸자는 의견이 있었다. 일종의 번역을 하자는 거다. 그러나 다른 쪽에서는 번역하는 것이 문제가 아니라고 맞받아쳤다. 문제는 청소년 요금제가 아니라는 것이다. 청소년에게 맞춰주는 통신 요금제는 결국 어릴 때부터 이동통신에 익숙하게 만들려는 통신사의 전략에서 비롯된 것인데 이 통신사의 '막돼먹은' 전략을 문제 삼지 않고 요금제만 운운하는 것은 너무 사소한 문제만을 다루는 것이라는 얘기였다. 논쟁은 여기서 그치지 않았다. 청소년을 둘러싼 소비환경은 갈수록 변화무쌍해지는데 여전히 청소년은 경제주체가 될 수 없는 것이 문제라는 데까지 확장되고 있었다.

"본질을 다뤄야 한다."

"본질이 도대체 뭐냐. 10대가 느끼는 것 자체가 중요한 것 아닌가."

"어쨌든 이해할 수 없으니, 일단 불만 자체를 이해할 수 있는 표현으로 바꾸자."

"이 표현이 10대들의 표현이라면 그대로 살려야 한다."

'문자요금제 너무 빈곤해요'는 이렇게 토론의 물꼬를 열었을 뿐 아니라 불만합창단을 둘러싼 이해의 폭을 확장해주었다. 정말 중요한 것이 존재하는가? 있다면 무엇일까? 우리는 소위 말하는 '조금 더 중요한 문제'를 표현하는 데 집중할 것인가 아니면 개인의 사소한 불만을 위트 있게 표현하는 데 중점을 둘 것인가, 하는 서로 다른 두 입장과 방향에서 가사 선정 작업 내내 충돌을 거듭했다. 많은 이야기가 오갔고 때론 가열 양상도 있었지만, 싸움으로 번지지 않을까 하는 우려를 불식시키고 우리는 진지하고 세련되게 그리고 성숙한 태도로 합의를 이끌어 낼 수 있었다. 우리는 그 표현 그대로 "문자요금제 너무 빈곤해"를 당당히 불만합창단 가사에 채택했다.

살아가는 데 있어 더 중요하거나 혹은 사소한 것은 무엇일까? 그건 개인의 가치관과 살아온 환경에 따라 다를 것이다. 우리 사회의 공동체는 '의미 있어 보이는 대의'만 좇아가는 경향이 있다. 언젠가 어느 문화평론가는 한국의 불만합창단 가사를 보고 '서양의 그것은 발랄하고 위트가 넘치는 데 우리의 것은 민중가요 같은 느낌이었다'고 자조했던 것처럼 말이다.

사소한 불만은 존재하는가?

소위 386세대라 불리는 1980년대에 대학을 다녔던 사람들은 세계 각 도시에서 조직된 불만합창단의 공연 모습을 보며 조금은 복잡한 표정을 짓는 듯했다. 개인적이고 사회적인 불만을 함께 노래하는 모습은, 대중가요를 개사해 정권을 비웃고 공권력을 조롱하고 민주주의에 대한 열망을 담아 부르던 그들의 활동 시기를 연상시키기 때문이다. 그들은 불만합창단이 1980년대 노가바('가사 바꿔 부르기'의 줄임말)와 무엇이 다른지 물었다.

과연 불만합창단이 1980년대 운동권의 노가바와 다른 점은 무엇일까? 하나는 창작곡이고 하나는 개사곡이라는 차이일까? 그렇지 않다고 본다. 미국 펜실베이니아대학에서 생태주의 운동을 하는 학생들도 퀸 Queen의 〈보헤미안 랩소디〉를 개사해 지구 환경에 무심한 행태를 비판한 바 있다. 이것을 보면 단지 창작곡과 개사곡이라는 기준으로 불만합창단과 노가바를 구별할 수 없다는 게 분명해진다.

그렇다면 합창과 독창의 차이일까? 아니면 공연 양식의 차이일까? 이 부분에 대해서는 선뜻 답하기가 어렵다. 불만합창단과 운동권의 노가바는 상당한 교차점이 있기 때문이다. 정권에 대한 날카로운 비판과 공격, 사회를 향한 외침을 담은 1980년대의 운동가요와 노가바에는 발설 자체가 금지된 '불만'을 발설하고, 정권을 조롱하려는 분명한 목적의식이 있었다. 시대적 상황 속에서 노래를 만들고 부르는 행위는 일정의 저항이었고, 정치적 행위였다. 몇 겹의 은유와 비유를 뚫고 나오는 저항의 언어는 비장했다.

바로 여기서 노가바와 불만합창의 차이를 발견할 수 있다. 불만합창은 확실한 목적의식이 없어도 가능하다는 점이다. 무엇인가를 바꾸겠다는 문제의식이나 비장함이 없어도, 특별한 메시지가 없어도 괜찮다. 불만합창에서는 개인적인 내용의 불만도 사회를 향한 불만과 대등한 가치가 있다. 그러니 '내가 좋아하는 팬티가 안타깝게도 늘어나 버렸어' '룸메이트가 내 예전 애인과 사귀고 있네!'처럼 지극히 사적인 불만과 '뉴타운 개발에만 관심 있는 시장市長'과 '세금을 걷어서 전쟁이나 벌이는 정부'에 대한 불만이 동시에 불려도 하나도 이상하지 않은 것이다.

누군가는 이렇게 물을 수도 있다. 불만합창단은 왜 작고 사소한 것만 불평하느냐고. 하지만 이 작은 것에 대한 불평과 불만, 그리고 분노를 진지하게 들어준 적이 있었던가? 아니, 어느 누가 이런 불만을 당당하게 외쳐본 적 있었던가? 바로 여기서 불만합창의 정체성이 분명해진다.

"왜 나는 조그만 일에만 분개하는가"로 시작하는 김수영의 시가 있다. 왜 나는 월남 파병에는 정당한 목소리를 높이지 못하고 기름덩이 갈비만 가득한 설렁탕집 주인에게만 옹졸하게 분개하느냐는 시인의 처절한 자기반성을 기억할 것이다. 물론 이 시를 쓰고 노래하던 시인의 심정과 시대적 상황은 지금 이 시대적 맥락과는 다를 테지만 우리는 어쩌면 부지불식간에 식당주인에게 항의하는 소시민적인 삶보다 정치권의 비리와 언론 자유에 대해 목소리를 높이는 것이 더 가치 있는 일이라고 여기게 되었는지도 모른다.

우리가 불만합창단을 처음 봤을 때 놀라웠던 것은 '사소한' 불만과 '크고 중요한' 불만이라는 우리 사회의 이분법적 도식을 일거에 날려버리고, 부정적인 마음을 긍정의 힘으로 가득 채우는 그 '생경한 이질감' 때문이었다.

누리꾼 불만합창단은 청계천엔 쥐가 너무 많고, 전과 없는 대통령을 갖고 싶고, 이제는 시국 걱정을 그만 하고 싶다고 노래했다. 누가 보면 '무서운 놈들'이라 하겠다. 하지만 그들은 동시에 '없어 보이는 손님'을 무시하는 백화점 명품 판매장 직원에 대한 불만도 노래했다. '시국 걱정'과 '명품 판매장 직원에 대한 불만'이 동시에 자연스레 어울리는 이

현상을 어떻게 해석해야 할까?

　사회적 자아와 개인적 자아를 애써 맞추려 노력하느라 결국 자신이 누구인지 모르게 되는 것보다는 나라 걱정을 하면서도 화장품도 사고 명품 판매장도 둘러본다고 말하는 이들이 더 진솔하지 않은가? 시국 걱정과 명품 쇼핑이 한 개인 안에서 동시에 일어나는 것을 문제 삼던 시공간의 간극을 아무렇지 않게 뛰어넘어 버린 이들의 사유와 행동은 '사소한 문제'와 '중요한 문제'가 한 개인 내부에서 쉽게 분리될 수 없다는 것을 보여주었다. 이제야 우리는 개인적인 것이 정치적인 것이라는 말의 뜻을 온전히 이해하게 된 것일까?

시민의 참여에서 희망의 씨앗을 보다

　희망제작소를 찾아오는 시민 중에는 원순 씨의 열렬한 팬임을 자처하는 분이 많다. 원순 씨가 대권 후보 물망에 올랐을 때, 한 일간지는 원순 씨를 지지하는 이들의 인구학적 특성을 보도한 적이 있는데 그들의 '정체'는 대부분 서울·경기 등 수도권에 사는 30~40대 남성이었다. 원순 씨 팬의 구성이 이렇다 보니 희망제작소를 찾아오는 시민도 별반 다르지 않다. 이들은 대개 '박원순'이라는 브랜드를 보고 희망제작소를 방문한다. 그러다가 이곳의 활동에 공감하고 후원회원이 되어 열정을 보여주는 분들도 있다.

　사람들을 끌어들이는 원순 씨의 힘은 희망제작소의 소중한 자산이기도 하지만, 한편으론 희망제작소가 뛰어넘어야 하는 과제이기도 하다. 희망제작소 구성원이 만들어내는 콘텐츠 자체의 매력으로 사람들을 모으고 이들이 희망제작소의 든든한 후원자가 될 수 있을 때라야, 비로소 희망제작소의 지속가능성을 담보할 수 있기 때문이다. 하지만 놀라운 것은 멋대로 불만합창단에 지원한 단원들은 '박원순이 누구에요?'라고 묻는 사람들이 다수였다. 물론 오래 전부터 참여연대나 아름다운 재단, 아름다운 가게를 통해 '박원순'이라는 이름을 알고 있었기 때문에 불만합창단에 대해 신뢰를 가지고 참여한 분들도 있다. 하지만 불만합창단은 박원순이 누군지도 모른 채 희망제작소를 방문한 그룹이 만든 최초의 시민 프로젝트가 아닌가 싶다.

희망제작소가 불만합창단에 주목한 후, 한동안 이 프로젝트에 대해 함구령이 내려진 시기가 있었다. 어디서 우리가 불만합창단을 준비하고 있다는 이야기를 들었는지, 참여연대가 사업을 넘기라는 요구를 했

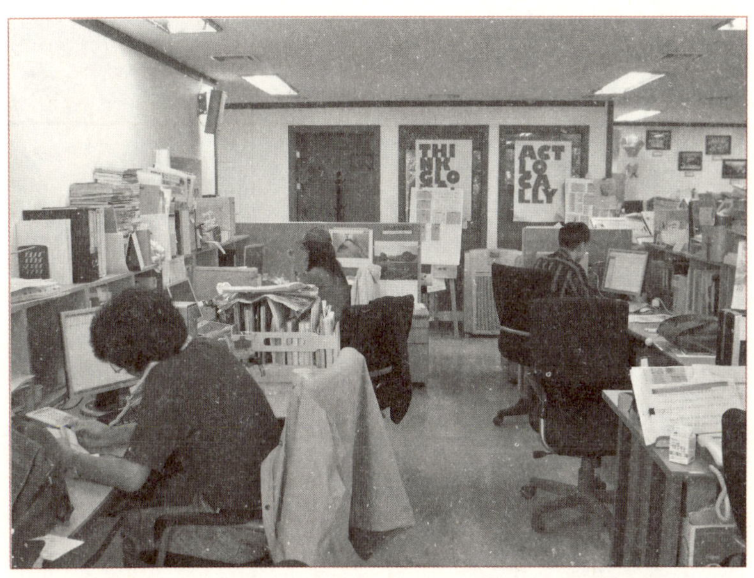

[희망제작소] 시민의 참여를 모아 희망을 제작하는 곳. '세계적으로 생각하고 지역적으로 행동하라' 는 포스터의 문구가 인상적이다.

다는 얘기도 들려왔다. 순간 긴장했다. 구체적인 준비가 되기 전까지는 대외비 처리를 해달라고 제작소 내부에 신신당부를 했다. 불만합창이란 아이디어는 워낙 매력 넘치는 아이템이어서 다른 단체에서도 충분히 관심을 가질 만했기 때문에 일종의 전략적 판단을 했던 것이다.

우리의 전략은 들어맞았다. 정식 설명회를 하고 나니 불만합창단을 촬영하고 싶다는 언론·방송사의 문의가 쇄도했다. 아예 불만합창단으로 정규 방송 프로그램까지 만들겠다는 방송사도 나왔다. 책 출간을 타진하는 출판사도 있었다. 우리는 의기양양했다. 원순 씨의 아이디어가 아니라 밑에서 출발한 프로젝트가 주목을 받으며 진행되고 있다는 것 자체가 뜻 깊은 일이었고, 불만합창단의 의미에 공감하고 같이 해보겠다는 사람이 하나둘 늘어나고 있으니 이보다 우리를 기쁘게 하는 일이 또 어디 있겠는가.

하지만 우리의 기대가 너무 컸던 탓이었을까? 막상 불만합창단이라는 비장의 카드를 던졌을 때 사람들의 반응은 신통치 않았다. 다음 사이트에 개설한 불만 게시판은 썰렁하고, 너무 많은 사람이 오면 어쩌나 했던 걱정이 무색하게도 참여 인원은 기대에 못 미쳤다. 사람의 마음을 움직인다는 게 얼마나 어려운 일인지 새삼 실감했다. 게다가 한 번도 아니고 지속적으로 시간과 마음을 내어야 하는 일에 사람들의 관심을 붙들어 둔다는 건 일회성 행사와는 차원이 다른 문제였다. 사람을 모으는 것보다 더 힘든 일이 참여자들을 독려하고 동기를 불러일으켜 끝까지 참여하게 하는 것이었다.

참여란 시민과 접점을 모색하는 단체에겐 늘 화두일 수밖에 없다. 시민의 자발적 참여를 이끌어낸다는 것은 얼마나 힘든 일인가. 올해 희망제작소의 목표는 '1만 명 시민의 힘으로 움직이는 싱크탱크'였다. 순수한 시민의 후원에 의해서만 우리가 진정한 의미의 독립적이고 대안적인 활동을 할 수 있다고 판단했기 때문이다. 하지만 우리의 목표가 단기간 내에는 달성하기 힘든 과제라는 것을 잘 알고 있다. 아직 우리의 역량이나 시민사회가 이를 감당할 수 있는 여건이 안 된다는 것을 알고 있기 때문이다.

여건이 안 된다는 것은 과연 어떤 의미일까? 참여를 근간으로 하는 민주주의를 지탱할 만한 역량이 부족하다는 뜻일 수도 있고, 참여를 하고 열정을 쏟아낼 수 있는 방법과 기회가 부족하다는 뜻일 수도 있다. 근래 민주주의가 흔들린다는 얘기가 나오고 있다. 투표율은 나날이 떨어지고 시민은 자신의 권리 행사에 관심 없다는 우려도 커지고 있다. 그러나 정확히 말하면 그것은 대의민주주의가 흔들리는 것을 의미한다. 미국산 쇠고기 사태와 최근 노무현 전 대통령의 서거로 다시 촉발한 촛불의 움직임은 시민사회의 지표가 어디를 향하고 있는지를 명확히 나타내는 상징적 사건이었다. 그것은 더 많은 민주주의, 더 낮은 민주주의, 일상과 하나가 되는 민주주의가 필요하다는 방증이었다. 이러한 시민사회의 변화에 발맞춰 나가기 위해 우리에게 요구되는 것은 무엇일까? 누군가 대신하는 운동이 아니라 시민이 스스로 참여함으로써 일상의 민주주의를 경험할 수 있도록 방법을 연구하고 기회를 제공하는 일일 것이다.

우리는 불만합창단을 시민이 더 많은 민주주의를 경험하는 장으로 만들고 싶었다. 우리보다 민주주의의 역사가 긴 서구사회는 다양한 차원에서 크고 작은 방법론이 많이 시도되고 있다. 그곳에서 불만합창단은 아주 평범한 시민활동의 일환으로 이해되고 있었지만, 우리 사회에

선 낯설고 독특한 이슈가 아니었을까 싶다. 불만합창에 대한 호평만큼이나 우려와 거부감이 많았던 것은 바로 그런 이유 때문이 아니었을까 싶다.

하지만 불만합창 프로젝트를 진행하면서 우리는 새로운 가능성을 확인했다. 불만합창단원 모두는 프로젝트를 진행하는 내내 능동적이었고 적극적이었으며, 뭔가를 만들어간다는 기쁨에 차 있었다. 그건 다름 아닌 자기 삶의 주인이 되는 경험이었다. 한국사회에서 2000년대를 사는 우리는 많은 일을 해야 하기 때문에 늘 바쁘다. 이런 생활 속에서 자신의 삶을 돌아보는 시간을 내고, 그것에 마음을 쏟기란 얼마나 어려운가. 오죽하면 뉴욕의 불만합창단도 엠피스리MP3 파일을 듣고 각자 연습하다가 마지막 공연 날에만 모여 노래를 불렀을까. 동서양을 막론하고 불만합창을 지속하는 것과 공연을 끝내고 나서 모임을 이어가기란 이렇게 어려운 일이다.

불만합창 프로젝트를 마쳤을 때, 멋대로 불만합창단원 가운데 몇 명은 다니던 직장을 그만 두고 자신이 진정으로 하고 싶은 일을 하겠다고 선언했다. 모두가 함께 부를 수 있는 노래를 만드는 일에 좀 더 매진하겠다는 분도 있었고, 아르헨티나로 자원봉사를 하러 떠난 분도 있다. 물론 이분들이 꼭 불만합창 프로젝트의 영향 때문에 자신의 삶을 찾아 떠났다고 생각하지는 않는다. 하지만 불만합창 프로젝트는 참여자들에게 조화로운 공동체 활동이 가지는 힘이 무엇인지 확실히 보여주었다. 단원 중 누군가는 불만합창 활동을 통해 늘 반복되는 생활과 주어진 대로 따라야 하는 굴레를 벗어나, 스스로 하고 싶은 활동을 하면서 발견하는 일상의 신선함과 활력이 참 좋았다는 말을 하기도 했다. 우리 모두는 그 말에 깊이 공감했다.

한국사회에 절차적 민주주의가 확립된 이후, 그동안 우리는 내용적 민주주의를 채우기 위한 경주를 지속해왔다. 물론 민주주의의 완성을 이루기까지는 앞으로 더 많은 주체의 다양한 활동과 노력이 필요하다.

온갖 부정적 예측과 분석에도 불구하고 우리 사회의 역량은 성장하고 있으며, 민주주의의 내용 또한 채워지고 있다는 것은 분명 희망의 증거다. 역사는 단선적으로 발전하지는 않는다. 때로 구불거리기도하고 때론 멀리 둘러서 가기도 한다. 우려할 만한 최근의 정세는 우리를 더욱 단련시키고 성장하게 하는 계기가 될 것으로 본다. 불만과 요구가 쏟아질수록 시민사회는 강해질 것이다. 불만이 가진 힘이란 그런 것이다.

사회혁신을 이룬다는 것

　"반갑습니다! 민간싱크탱크 희망제작소입니다."

　평창동 희망제작소 건물에 붙어 있는 플래카드에 커다랗게 적혀 있는 말이다. '민간연구소' '민간 싱크탱크' 등 희망제작소를 설명하고 정의하는 말들이 있었지만, 지금 우리는 우리의 활동을 통해 희망제작소를 정리하고 정의하기를 '소셜 이노베이션social innovation 센터', 조금 더 설명을 덧붙인다면 시민이 주도하는 사회혁신센터라고 생각한다. 희망제작소는 시민사회진영에서 사회혁신을 지향하는 거의 유일한 단체다. 우리의 모델은 전에 없던 것이었고 새로운 관점이었으며 그래서 하나의 도전이었다. 그간 각종 연구소, 컨설팅 기관, 기업을 근거로 삼아 우리를 정의하고 끼워 맞추고 그들과 비슷해지려고 숱하게 노력해 왔지만 혼란만 더했을 뿐이었다. 싫든 좋든 우리가 하는 일이 곧 길일 수밖에 없었다고 인정하기까지 참으로 많은 시도, 뜻하지 않은 실패, 지난한 '삽질'의 과정을 거쳐야 했다.

　사회혁신이란 그 자체로는 새롭거나 어려운 개념이 아니다. 서로 이질적이고 다르다고 생각했던 것들을 융합해 사회 변화를 이끌어내고 시도하고 독려하는 '그 무엇'인 것이다. 사회혁신은 주로 영역 간 연계와 교차를 통해 프로젝트를 만들어내어 새로운 사회적 관계와 사회적인 가치를 창출하는 방식으로 이루어진다. 요즘 한국사회에서 주된 관심사인 사회적 기업이 대표적인 사회혁신의 사례라 할 수 있겠다.

　과거 무엇을 하든 어떻게 하든 수익을 최대화하는 것이 기업의 생존

논리였다면, 시장의 논리 안에서 수익이 아닌 다른 가치를 발생시키려는 사회적 기업은 시장과 자선의 영역, 혹은 수익과 사회적 가치라는 서로 이질적인 영역을 융합하고 있다. 상환할 능력이 있는 사람들에게만 돈을 빌려주고 이자를 부과해 수익을 남기는 것이 전통적인 대부업이었다면, '마이크로 크레딧'은 상환할 능력이 없거나 낮은 사람들이라도 무이자 또는 저리로 돈을 빌려주어 그들로 하여금 지속 가능한 삶을 살 수 있도록 도와주고 있다. 그런가 하면 평범한 시민이 정책입안자가 되어 도시의 모습을 바꿀 수 있도록 플랫폼을 개발하는 시도들도 세계적 흐름을 타고 있다. 이런 일을 가능하게 만드는 것이 곧 '사회혁신'이다.

사회혁신에 대한 세계적인 연구가이자 활동가인 영파운데이션의 제프 멀건은 전 세계의 무수한 사회혁신 사례를 분석해 그것을 여섯 단계의 과정 또는 방법으로 설명한다. 각각의 방법은 단계적으로 발전해나가기도 하지만 그 자체로 고유하고 완결된 방법이기도 하다.

첫 번째는 사회 변화나 혁신을 '촉발과 촉진Prompts and Triggers' 하는 것으로, 사회혁신을 처음 시작하고 유발하는 데 사용하는 방법이다. 두 번째는 '제안과 생각Proposal and Idea'의 방법이다. 아이디어나 상상력을 발휘하는 데 필요한 것으로, 아이디어 뱅크라든가, 사회창안 시스템, 예술가 레지던스 프로그램, 아이디어 시장 같은 방법이 여기에 해당한다. 세 번째는 '모델과 시도Prototypes and Tests'다. 창출한 아이디어는 실험해보고 모델이 될 수 있는지, 적용 가능한지 검증하는 작업이 필요하다. 그러한 과정에서 사용할 수 있는 다양한 방법, 웹을 이용해서 피드백을 받는 시스템들이 여기에 해당한다. 네 번째는 '지속성Sustaining'으로, 아이디어를 지속 가능하도록 유지하는 방법이다. 비즈

니스 모델을 결합한다거나, 해당 아이디어를 지속하려면 어떤 조직의 형태가 필요하고, 어떤 기술을 활용해야 하는지, 어떤 조직이나 기관과 협력할 것인지를 고민해야 한다. 사회적 기업과 같은 모델이 이에 해당한다. 다섯 번째는 '확산과 성장Scaling and Growth'으로 아이디어를 널리 퍼뜨리고 성장시키는 방법이다. 라이선스를 얻는다든가, 프랜차이즈를 만든다거나, 브랜드를 활용하는 등, 어떤 통제 없이 아이디어를 전파하는 것이 여기에 속한다. 마지막은 '구조적인 변화Systemic Changes'를 불러일으키는 것과 관련된다. 사회 전반의 변화를 만들어내는 것으로, 이 변화는 새로운 사고방식을 도입하고 새로운 관점을 정립하는 것에서 새로운 법과 제도 및 정책을 만드는 것까지 포함한다.

불만합창단을 사회혁신 방법론의 관점에서 본다면, 첫 번째 방법에 해당한다고 볼 수 있다. 사람들이 모여서 서로 이야기와 생각을 나누고, 이전과는 다른 행동을 이끌어내고, 이로써 새로운 변화를 촉발할 수 있기 때문이다. 이런 활동이 모여 변화를 위한 시나리오로 정리되고, 이를 실현하기 위한 각종 시범사업을 실행할 수 있다. 물론 시범사업이 지속성을 가지게 될 정도로 성장하려면 다양한 영역의 협업이 이루어져야 한다. 이 단계를 잘 거치면 사업은 사회 변화를 이끌어 낼 수 있을 정도로 규모가 커지고 정교해져 결국 사회 시스템의 변화를 이끌어내는 새로운 사고방식이 사회 속에 자리 잡게 될 것이다.

사실 불만합창단을 기획하고 진행하던 2008년 당시, 이 프로젝트는 희망제작소 사업답다고 자리매김하는 정도였지, 이 프로젝트를 어느 맥락에서 어떻게 정립해야 하는지, 다음 단계로의 진화는 어떻게 되는지, 그것은 또 어떻게 만들어가야 하는지에 대해 명확한 방향을 찾지

못했다. 우리는 불만합창단을 다음 단계를 위한 무엇으로 생각한 적 없고, 또 그렇게 진전시킬 계획도 없었다. 하지만 돌이켜보니 이 예측불허의 프로젝트는 희망제작소가 사회혁신이라는 주제에 집중하고, 다음 단계로 전진할 수 있게 해준 중요한 계기가 되었다. 희망제작소가 우리 사회에서 어떤 역할을 해야 하는지, 또 무엇을 잘할 수 있을 것인지에 대한 물음과 답을 찾는 과정이었던 셈이다.

사회혁신이 우리 사회에서 제대로 작동할 것인가에 대한 고민은 여전히 있다. 정권이 교체되면서 '거버넌스 모델'이 갑자기 유효하지 않게 되었다. 희망제작소 주요 사업 방식인 다양한 사회 주체 간의 협력과 파트너십이 작동하지 않는 상황에 직면한 것이다. 사회혁신은 상호 협력적인 역할 분담과 수평적 리더십, 자유롭고 유연한 사회적 환경이 뒷받침될 때 원활히 전개된다. 이런 전제가 흔들리게 되니 사회혁신, 소셜 디자이너 모델은 선진 서구사회에서나 가능한 것이 아닌가 하는 회의론이 나오기도 하고, 이런 상황에 직면하여 한가롭게 노래나 부르고 있냐는 핀잔이 들려오기도 한다.

그렇지만 우리는 불만을 계속 노래해야 한다. 위기이기 때문에 방향을 바꿔야 하는 것이 아니라, 위기에도 불구하고 사회혁신은 계속 시도해야 하는 것이기 때문이다. 위기는 변화나 진보, 개혁에 대한 우리의 의지를 꺾거나, 보다 좋은 사회, 풍요로운 삶을 누리기 위한 도전이나 실험에 회의를 품게 만들기도 한다. 하지만 '혁신'은 이런 난관에 부딪칠 때 더 필요한 게 아닐까? 정체되어 있을 때, 뒷걸음치고 있을 때, 우리를 다독이고 전진하기 위한 비전과 내용을 제시하는 것이 '사회혁신'의 힘이니까.

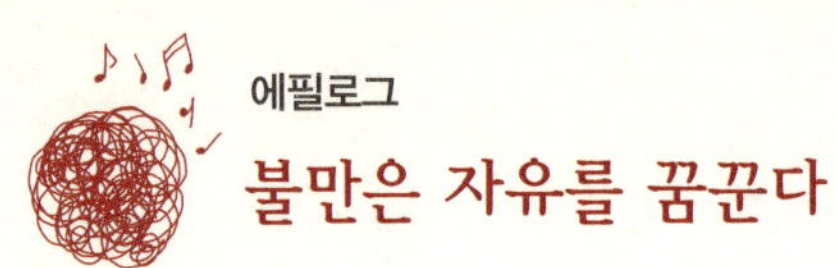

불만은 자유를 꿈꾼다

2009년 3월 27일은 희망제작소의 세 번째 생일이었다. 시민의 힘으로 움직이는 민간 싱크탱크가 닻을 올린 지 삼 년이 되는 날이었다. 희망제작소에서 한솥밥을 먹는 우리는 제각기 역할을 맡아 바쁘게 움직였고, 덕분에 성공적으로 기념식을 마칠 수 있었다.

3주년 행사를 빛나게 했던 행사 중에 불만합창단 2기의 공연이 있었다. 지난 3년여 간의 희망제작소 활동을 돌아볼 때, 부족하나마 많은 분에게 자랑하고 싶은 활동으로 불만합창단이 선정되었기 때문이었다. 시민이 함께 참여하여 즐겁게 노래한다는 것은 이토록 자랑스럽고 뿌듯한 일이다.

불만합창단 2기 모임은 희망제작소의 행사만을 위해 급조한 팀이 아니다. 2기는 1기 불만합창단을 한 단계 발전시킨다는 취지도 있었다. 새로운 단원도 합류하고, 노래도 새로 만들면서 새로운 방식도 시도했다. 사람이 달라지고, 노래가 달라져서일까. 지난 1기 때의 과정과는 사뭇 다른 모습을 포착했다. 1기 불만합창단이 발랄하고 활동적인 '대딩(대학생)' 같았다면, 2기 불만합창단은 차분하고 의젓한 '직딩(직장인)'

같은 분위기가 났다. 이 차이는 무엇에서 비롯된 것일까. 원년 멤버들의 경험에서 우러나오는 안정감에서 비롯한 것일까. 아니면 어느새 불만합창이 가슴 두근거리는 프로젝트가 아닌 그저 일의 하나로 받아들이고 있는 나의 모습이 단원들에게 불쑥불쑥 비춰졌기 때문일까.

처음에는 적응이 되지 않아 당황스럽고 고민스럽기도 했다. 뭔가 잘못된 것 같았기 때문이었다. 그러나 곰곰이 생각해보니, 오히려 이런 고민을 하고 있는 내가 잘못된 게 아닐까 하는 생각이 들었다. 그토록 경계를 했건만 나도 모르는 사이에 '불만합창은 이래야 해'라는 상을 그려두고 있었던 것이다. 1기와 2기의 모습이 같다면 그거야말로 재탕이지, 불만합창을 하는 취지에도 맞지 않을 것이라는 데 생각이 미쳤다. 불만합창의 코드는 정숙함이니 발랄함이니 정치적이니 하는 외양이 아닌, 어떠한 생각과 주장도 함께 어우러져 흐르는 '자유분방'함에 있지 않았던가.

문득 자유란 무엇일까에 대해 생각해 본다. 지금이 1970, 1980년대도 아닌데, 무슨 호랑이 담배 피던 시절 이야기를 하고 있느냐 하고 반문할지도 모르겠다. 하지만 나는 요즘 '자유'와 '자유스러움'에 대해 관심이 많다. 우리가 유럽 출장을 갔던 베를린에서 느꼈던 충격의 실체는 무엇이었을까 생각해봤다. 그것은 자유의 실체를 목격한 것이었다. 자유란 이념과 사상이 아니라 생활에서, 삶에서, 나 자신에서 우러나오고 어우러지는 그 무엇이었다.

남들과 다른 생각, 남들과 다른 의사, 남들과 다른 느낌을 가지고, 그것을 마음껏 표현하고 이야기할 수 있을 때 비로소 우리는 진정으로 자유로워질 것이다. 돌이켜보니, 불만합창은 모두가 함께 자유스럽고자 했던 프로젝트였다. 불만합창 페스티벌을 마치고 나니 여러 곳에서 질문이 쏟아졌다. 공통된 질문 가운데 하나는 그 행사의 성과에 대한 것이었다. '세속적' 의미에서 불만합창 페스티벌이 성공했는지 그 여부는 지금도 잘 모르겠다. 하지만 우리는 그것 때문에 충분히 즐거웠고 유쾌했다고 분명히 말할 수 있다. 우리 안에 있는 불만을 함께 소리쳐 노래하는 동안 우리는 자유로웠기 때문이다. 그리고 또 한 가지 확실하게 말할 수 있는 게 있다. 불만합창은 앞으로도 계속된다는 사실이다. 노래로, 글로, 춤으로, 때로는 두꺼운 우리의 팔뚝을 흔들어 대며…… 불만이 가득한 사회 곳곳에 나타나 우리는 이렇게 외칠 것이다.

"불만 있어? 그럼, 노래해!"

곽현지

불·만·합·창·단

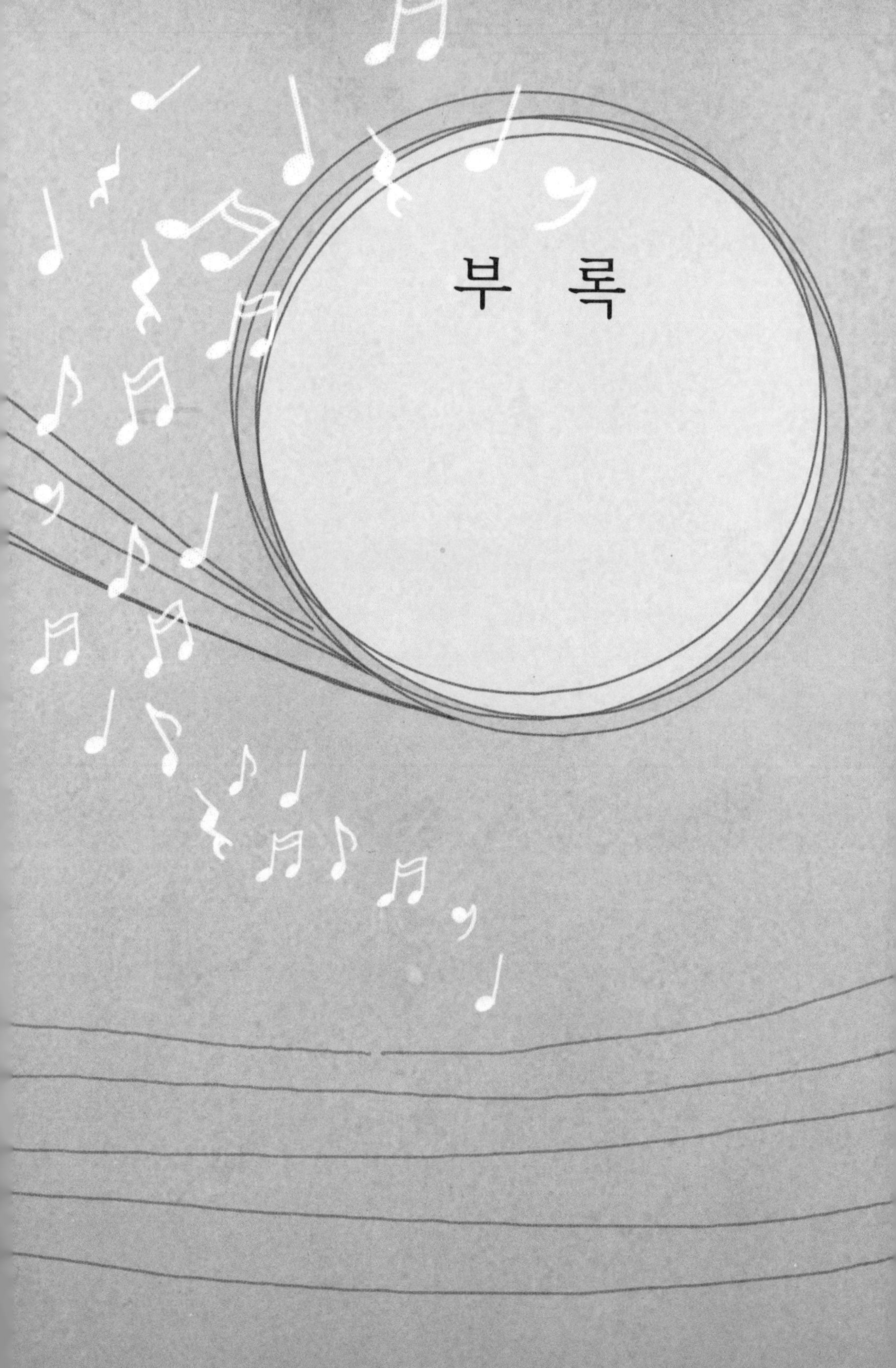

부 록

불만합창단 창시자, 올리버를 만나다 ♪

　　"이름이 길지요? 나도 잘 못 읽어요" 올리버 코차 칼라이넨은 그의 이름을 어색하게 읽는 한국인을 만날 때마다 이렇게 인사를 대신했다. 그는 첫 만남에서부터 사람을 편안하게 만들었다. 자기를 예술가라고 불러달라는 올리버. 그는 동독 출신으로 15년 전부터는 핀란드 헬싱키에 거주하고 있다. 불만합창단 공동 창시자인 부인 텔레르보 칼라이넨의 성을 이름 끝에 붙여 이름이 길어졌다고 한다.

　　올리버와 일정을 함께 하는 동안 주최 측인 희망제작소는 그를 잘 챙기라고 당부했건만, 나는 그를 모시고 다니기 어려웠다. 자리를 이동할 때마다 거리의 풍경을 찍느라 지체하기 일쑤였고, 어떤 때는 가게 네온사인에서 나는 소리가 귀엽다며 한동안 우두커니 서 있기도 했다. 천진한 표정으로 귀를 기울이는 올리버 옆에서 나는 들리지도 않는 네온사

♪　　희망제작소는 8개의 불만합창단을 조직해 2008년 10월 11일에 불만합창 페스티벌을 열었다. 올리버는 희망제작소의 초청으로 사회창안 주간(8일~12일) 동안 각종 행사에 참여했다. 이 글은 10일~11일에 걸쳐 인터뷰를 진행한 희망제작소 연구원 황명화가 정리했다.

[올리버] 희망제작소 주최 제1회 사회창안국제회의에 참석해 강연을 듣고 있다.

인 소리에 한동안 집중해야 했다.

불만합창단 페스티벌이 열린 11일 밤에 올리버는 합창단원과 희망제작소 스태프들과 어울려 다음날 새벽 6시까지 술을 마시기도 했다. 올리버는 사람을 좋아하고 모든 것에 관심이 많았다. 또 무엇이든 표현하려 했다. 천생 예술가 기질을 타고난 사람이었다.

인터뷰 1 _ KBS 문화지대 TV 인터뷰 (2008.10.10)

Q. 불만을 표출하는 방식에 있어서 우위에 있는 것이 있나? 어떤 것이 좋은 것인가?

A. 사람들은 불만을 얘기하길 좋아하지만, 다른 사람들의 불만은 듣기 싫어한다. 만약 불만을 서로 나눌 수 있다면, 동감할 일이 많아

져 서로 이해하기 쉬워질 것이다.

Q. 불만합창단을 만든 계기가 있다면?

A. '발리투스쿠로valituskuoro' ♪라는 핀란드어가 있다. 몹시 추운 날,
길을 걸으면서 날씨에 대해 불평하는 상황을 뜻하는 말이다. 어느
날 실제로 불만을 노래하면 어떨까 하는 생각이 들어 불만합창단을
만들게 됐다.

Q. 아시아에서 불만합창단을 만든 나라는 한국이 처음인가?

A. 아니다. 싱가포르가 먼저 시작했다. 그러나 동아시아에선 한국이
처음이라고 할 수 있다.

Q. 이 정도로 조직될 것이라 예상했나? 그리고 이렇게 빠르게 진행되
고 확장되는 것에 대해 어떻게 생각하나?

A. 놀랍다. 한국까지 와서 이렇게 인터뷰하리라고는 전혀 예상하지
못했다. 사람들은 늘 불평하길 좋아한다. 그래서 어느 정도 호응이
있으리라고는 생각했지만, 이 정도일 줄은 몰랐다. 나라마다 불평
의 내용이 다 다르다. 러시아만 해도 불만이 심각하다고 할 수 있
다. 부다페스트도 마찬가지였다. 사람들의 불평은 문화를 닮기 마
련이다.

♪ 불만합창complaints choir이라는 뜻.

Q. 인상적인 불만에는 어떤 것들이 있었나?

A. 헬싱키의 불만이 가장 머릿속에 남는다. "내 꿈은 지루해. 현실이 오히려 더 재미가 있지"♪라는 부분이다. 어떨 때는 꿈이 현실보다 제한돼 있다고 느낀다. 현실이 오히려 더 역동적이다. 한국에서 이렇게 불만합창이 열릴 거라곤 꿈도 못 꾸던 일이었다. 그런데 한국이 해냈다. 부다페스트도 마찬가지다. 헝가리의 경우, 춤까지 곁들였다. 놀라운 일들의 연속이다.

Q. 한국의 시청자에게 한마디 한다면?

A. 실망하거나 낙담하지 말고 가족에 대한 불만이든 어떤 것이든, 스트레스가 쌓인다면 불만합창단에 참여하라고 권하고 싶다.

인터뷰 2 _ 불만합창 페스티벌을 기다리며 (2008.10.11)

Q. 다른 도시에는 한 도시에 하나의 합창단이 생겼는데 한국은 이번에 8개나 생겼다. 어떻게 생각하나?

A. 놀라울 따름이다. 그만큼 한국사회에 불만이 많은 것일까 하는 생각이 든다. 6시에 있을 페스티벌이 어떻게 진행될지 무척 궁금하다. 매우 새로운 경험이다. 하나의 여행이라는 생각이 든다. 비록 이제 막 시작한 여행이긴 하지만.

♪ My dream is boring, but reality is more exciting.

Q. 국제회의 발표에서 자신을 참여예술을 하는 사람이라고 설명했다. 참여란 무엇이며 왜 중요한가?

A. 참여란 사람들을 연결하고 엮는 것이다. 보통 예술이라고 하면 스튜디오에서 촬영된 것이나 혹은 그 안에서 어떤 단편적인 작품을 걸어놓고 진행되는 것을 말한다. 그러나 나는 독일 예술가 요제프 보이스Joseph Beuys♪에게 큰 감명을 받았다. 나는 상황을 만드는 것에 관심이 많았다. 비디오, 사진 등으로 다큐멘터리를 직접 찍는 것은 내가 개발한 것이라기보다는 1970~1980년대에 한창 시작된 예술 장르였다.

Q. 당신은 자신을 예술가로 명하는데, 당신에게 예술이란 무엇이고 예술가란 무엇인가?

A. 불만합창단이 하나의 예술로 보이는 것이 가능할까? 많은 사람이 이에 대해 부정적이었다. 아마추어 집단이 예술을 한다니 다들 부정적인 반응을 보인 것은 당연할지도 모른다. 하지만 일상생활 속에 있는 바로 예술이다. 나는 참여를 중요하게 본다. 또한 모든 사람이 예술가라고 생각한다. 사람은 모두 창의적이다. 그러한 역량이 있다. 다만 그것을 표출할 기회가 있느냐 없느냐 하는 차이가 있을 뿐이다. 체계는 우리 같은 예술가들이 만들어주면 된다. 그 상황 자체가 바로 예술인 것이다. 내게 영향을 준 사람으로 앨런 카프로

♪ 펠트와 기름덩어리를 모티프로 전위적인 조형작품과 퍼포먼스를 발표한 20세기 독일 태생 미국 화가. '사회적 조각'이라는 개념을 세우고 행동적인 예술관과 자유지향으로 현대미술에 큰 영향을 미쳤다. _네이버 백과사전

Allan Kaprow♪를 들 수 있다. 나는 그의 영향을 받아 예술에 참여라는 개념을 집어넣었다.

Q. 예술가가 되기로 한 계기가 있나?

A. 나는 동독 출신이다. 어린 시절에 국가는 수학이나 컴퓨터 같은 교육을 강요했고, 나는 대학 때까지 컴퓨터를 전공했다. 그런데 그럴수록 예술에 관심이 갔다. 당시 동독은 검열이 심했다. 대학교 안에 복사기조차 없었다. 무엇을 복사하거나 인쇄하려고 하면 먼저 허가를 받아야 했다. 대학교에서 나는 친구들과 몰래 신문을 만들었는데, 인쇄할 수가 없어 사진을 찍어서 붙이는 방식으로 작업했다.

Q. 그게 언제쯤이었나? 신문은 어떤 내용이었나?

A. 통일이 되기 전이었으니 1988년 정도였을 것이다. 사실 신문 내용은 별것 아니었다. 그냥 만드는 게 좋아서 했을 뿐이다. 우리가 쓰는 대로, 우리가 느끼는 대로 이것저것 만들었다. 위험한 작업이었다. 그러나 교육과정에서 예술에 대한 교육을 전혀 받지 못했기 때문에 그것이 유일한 즐거움이었다. 스위스에서 시작된 다다이즘 Dadaism♪♪을 아는지? 그런 내용이었다. 전쟁에 반대하는 내용도 들어 있고, 때론 그래픽을 찬란하게 넣기도 했다. 그러니까 전혀 말이

♪ 미국 화가. 1950년대에 화가인 J. 폴록을 알게 된 후, 그의 신체적 동작으로 그려지는 액션페인팅에서 발상을 얻어, 작가의 행위를 외계의 환경으로 확장하여 해프닝을 만들어 냈다. _네이버 백과사전

♪♪ 제1차 세계대전 기간 중 중립국인 스위스 취리히에서 시작된 문화 운동으로, 기존의 예술 구조를 의도적으로 거부하는anti-art 성향을 띠고 있다. _위키백과

안 되는 내용이라 생각하면 된다. 우리의 신조는 비논리anti-logic였
다. 이 과정에서 건축에 대한 관심이 생겼다. 컴퓨터나 수학을 전공
했기 때문에 아무래도 쉽게 접근할 수 있었던 것이 아닌가 생각한다.
건축에 대한 관심은 점차 공간space에 대한 관심으로 변했다. 그래서
함부르크로 옮겨 공부를 더 진행하다 15년 전 핀란드로 옮겼다.

Q. 당신이 하는 작업 중 가상국가 정상회담micronation summit에 대한
얘기도 들려 달라.

A. 3년 정도 준비한 작업이다. 내가 지금 속해 있는 곳은 이콘ykon이
라는 예술가 모임이다. 여기서 가상국가micronations를 모아 실제
국가들이 회의하는 것처럼 행사를 해봤다.

Q. 가상국가 몇 개를 소개한다면?

A. KREV·the kingdoms of Elgaland and Vargaland♪라는 나라가 있
다. 이 나라는 모든 경계를 국토로 삼는다. 세상의 모든 국경이 바
로 이 나라의 영토가 되는 것이다. 이 국가의 시나리오는 크게 두
가지가 있다. 시나리오 A는 모든 나라가 계속 분할하는 경우고, 시
나리오 B는 모든 국가가 통일되어 세계가 하나의 국가로 변하는 경
우다. 시나리오 A에 따르면 KREV는 영토가 무한히 늘어나 세계 최
대강국이 된다. 시나리오 B에 따르면 영토가 사라지므로 KREV도
없어지게 된다. 가상국가 중에 라도니아Ladonia♪♪라는 나라도 있

♪　http://www.elgaland-vargaland.org

다. 이곳의 예술과 뛰기Art&Jump 장관인 프레더릭 라르손Fredrik
Larsson은 하루에 한 번씩 점프를 한다. 이런 발상이 재미있지 않나?

Q. 듣고 보니 나도 하나 만들고 싶다는 생각이 든다. 가상국가를 만들
고 나면 무엇을 더 해야 하는가?

A. 다들 그것이 고민이다. 일단 2003년에 정상회담을 개최했고, 10년
뒤인 2013년에 다시 한 번 개최할 예정이다. 크로아티아에서 할 예
정인데, 이번에는 강제성이 없는 합의안을 하나 만들 예정이다. 다
들 가상국가를 만들 고 처음에는 즐거워하다가 나중에는 이걸 어
떻게 해야 하는지 궁금해한다. 〈가상국가 프로젝트〉는 민주주의가
우리 곁에 있지만, 참여의 부족에서 문제가 발생한다는 사실을 보
여준다.

Q. 이콘ykon에 대해서도 좀 더 설명해달라.

A. 가상 국가 등을 조직하고 '소리 지르는 합창단Shout Choir'을 조직
하기도 했다. 이것은 합창이 아니라 계속 소리만 지르는 것이다. 지
휘자는 지휘봉이 아니라 드럼 스틱을 들고 있고, 합창단원은 자전

거 타이어를 넥타이로 매고 서 있다. 입은 옷은 모두 헌옷이다.

Q. 불만합창단은 다음에 무엇을 해야 하는가?

A. 불만합창단은 일시적인 프로젝트였다. 희망제작소는 어떨지 모르겠지만. 다른 사람들이 또 다른 불만합창단을 만들 수 있도록 관련 서류, 이를테면 설명서를 만들고 홈페이지를 만드는 것도 하나의 방법이 될 듯하다. 만드는 방법을 알려주는 것이다. 과정도 보여주고. 시카고 합창단의 경우 3~4개의 노래를 더 만들기도 했다고 한다. 희망제작소 입장에서는 이러한 팀들을 지원하는 역할이 가장 알맞지 않을까 한다. 그래서 그 결과를 희망제작소 홈페이지에 올리고, 영어 웹페이지도 따로 만들면 된다. 그러면 나도 그 홈페이지에 연결될 수 있도록 내 웹페이지에 링크를 만들어 놓겠다. 또 한국 섹션을 따로 만들 예정이다. 이곳에 와서 나는 정말 감동했다.

인터뷰 3 _ 불만합창 페스티벌 행사 다음날 (2008. 10. 12)

Q. 불만합창 페스티벌이 잘 짜인 쇼라는 비판도 있다. 사실 이것을 준비하는 과정도 노래하는 것 못지않게 중요하지 않나.

A. 괜찮았던 것 같다. 나눠준 자료로 그 과정은 보여주지 않았나. 불만합창단 입장에선 무대 경험이 무엇보다 큰 도움이 됐을 것이다. 부끄러워하는 마음이라도 자신을 드러내고 노래를 부르는 것은 다른 문제다. 래퍼의 초대 공연은 좋은 생각이 아니었다. 불만합창은 평범한 사람들이 함께하는 것이다. 그런 점에서 마지막 두 사람의 초

청 공연도 마찬가지다.

Q. 많은 사람을 초대하기 위해 초청공연도 기획했다.

A. 함께 한다는 것은 나눈다는 것이다. 여러 가지 시도는 좋지만 나는 불만합창단을 TV 프로그램♪으로 만든다는 것은 걱정된다. TV 쇼가 어떻게 만들어질지 궁금하다. 왜냐면 TV 쇼는 엔터테인먼트를 추구하기 때문이다. 그러다 보면 불만합창의 순수한 모습은 왜곡될 수 있다. 예를 들면, 대회 형식으로 간다든가 하는 것처럼 말이다.

Q. 친구가 불만합창단 페스티벌에 와서 봤다. 선생님인데 불만합창을 학교에서 해도 좋을 것 같다고 말하더라.

A. 불만합창의 매력이 바로 그것이다. 각각 그리고 또 같이 하는 것이다. 학교라면 학생과 교사가 각각 팀을 만들어 함께 공연하면서 서로의 불만을 들어볼 수 있는 좋은 불만합창이 될 것으로 생각한다. 실제로 헬싱키 합창단에 여러 선생님이 참여했는데 매우 만족해했다. 원한다면 누구든 합창단원이 될 수 있다.

Q. 이것은 이번에 우리가 불만합창단을 만들 때 불만을 모았던 종이다.

A. 매우 좋다. 이 방식을 나도 해봐야겠다. 사진을 찍어서 보내주면 좋겠다. 가사를 정할 때는 불만만 모은다고 되는 것이 아니다. 작사가가 있었나?

♪ 당시 모 방송국에서 불만합창단을 정규프로그램으로 기획하기도 했으나 제작비 등의 이유로 정식 편성이 되지는 못했다.

Q. 그렇다. 작사가가 있었고 작곡가가 있었다. 참여를 높이는 특별한 방법이 있을까?

A. 웹사이트만으로는 사실 쉽지 않다. 메일, 방문, 포스터 등 다양한 방법이 필요하다. 시카고 합창단원 중 한 명은 'complaint-o-tron 3000'이라는 소프트웨어를 개발했다. 지역별로 어떤 불만들이 있는지 한눈에 볼 수 있는 프로그램이다. 구글맵 프로그램으로 구현한다. 한국은 아이티IT 기술이 매우 발달해 있으므로 적용이 가능하다고 본다.

Q. 이번에 조직할 때는 비정부기구NGO, 비영리기구NPO 중심으로 초청했다. 좀 더 많은 일반 시민이 참여했다면 좋지 않았을까?

A. 목표설정을 그렇게 한 것은 오히려 잘했다고 본다. TV 프로그램이 진행 예정이라니까 더 많은 사람을 받을 준비만 하면 된다. 나는 불만합창단 이후 계획을 아직 세우진 않았다. 알래스카에 6명이 사는 마을이 있다고 하는데, 그 공동체와 뭔가 함께 해볼 생각이다. 예를 들어 노래를 매년 만들어 부르는 식으로 말이다. 계속 연결해 만들어 부르면 세월이 갈수록 노래가 길어지는 것이다.

Q. 합창 올림픽Choirs Olympics이라는 것이 있다. 혹시 들어봤는가? 불만합창단이 여기 나갈 수도 있지 않을까?

A. 난 올림픽 형식보다는 페스티벌이 더 마음에 든다. 올림픽은 결국 경쟁이지 않은가. 사실 어제 행사에서 맨 처음 시상할 때 굉장히 당황했다. 등수를 매겨 시상하는 프로그램으로 기획된 줄 알았다. 하지만 모든 사람에게 각각 다른 상을 주어서 좋았다. 불만합창은 경

쟁이나 시상을 염두에 두고 시작한 것이 아니다.

Q. 델레르보와 이에 대해 얘기를 했나?

A. 아내는 현재 베를린에 있다. 오늘 아침 숙소에 들어가면서 전화를 했다.♪ 우리는 같은 일을 하는 부부이자 동료이기 때문에 떨어져 있더라도 서로 신뢰한다. 아내도 요즘 매우 바빠서 나를 생각할 겨를이 없다. 하지만 우리는 서로 통한다.

Q. 한국 사람들은 자신의 불만을 말하는 것조차 힘들어한다. 불만을 공유하기가 싫은 것이다.

A. 나라마다 문화는 다를 수밖에 없다. 상트페테르부르크의 경우, 노래가 매우 낭만적이면서도 사뭇 심각했다. 덴마크에서는 한국처럼 개인적인 불만은 거의 나오지 않았다. 모든 게 일반적인 얘기여서 재미가 없었던 축에 속한다. 불만은 역시 뭣에 관한 것인지, 왜 그런 불만이 생겼는지 밝히는 것이 중요하다.

Q. 불만합창단의 경우엔 참여자가 확 늘어나기도 하지만, 희망제작소에서 이틀 전에 진행했던 사회창안대회나 사회창안 국제회의에는 사람들이 많이 오지 않았다. 그렇다고 그런 행사를 불만합창단처럼 접근할 수는 없는 노릇이다. 뭔가 비결이 있을까?

A. 학교에서 그쪽을 전공하는 학생들이 오면 좋겠다. 딱 맞는 전공은

♪ 불만합창 페스티벌을 끝내고 올리버는 스태프, 불만합창 참여 단원들과 함게 밤새도록 술을 마시며 이야기꽃을 피웠다.

아니어도 사회학, 교육학을 배우는 학생이 와서 들으면 도움이 될 국제회의였다. 불만합창단이라고 해서 사실 쉬운 건 아니다. 지금은 처음이어서 관심을 보이지만 결국은 미디어를 끼고 해야 한다. 미디어에 노출되도록 하는 수밖에 없다. 헬싱키 행사는 미디어에 소개됐기 때문에 많은 사람이 참여할 수 있었다.

Q. '불만'이라는 단어 때문에 기업체에서 행사 후원을 꺼렸다.

A. 아마 불만을 노래하는 과정을 이해하지 못해서 그랬을 것이다. 언론은 확실히 관심이 있을 것이다. 그러니 언론사를 끼고 홍보하거나 후원을 받는 것도 하나의 방법이라고 본다. 코펜하겐에서 4~5일 정도 행사를 한 적이 있다. 그때 맥주회사인 칼스버그가 협찬을 했다. 행사에 많은 사람이 참여했기 때문이었다.

Q. 최근 활동에 대해 설명해달라.

A. 〈I love my job〉이라는 프로젝트를 진행하고 있다. 직업에 대한 이야기는 누구든 나눌 게 많다. 직장에서 어떤 갈등 상황에 놓이기도 하는데, 나는 이런 문제를 터놓고 얘기할 수 있도록 돕고 있다. 사람들로부터 일화를 모은 다음 그것을 5분 정도의 짧은 영화로 제작한다. 예를 들면 자기를 나무라는 상사 앞에서 책상 위로 올라가 큰 소리를 치는 상황을 연출하는 식이다. 사람들의 반응은 매우 좋다. 한국에서도 시도해볼 수 있다. 메트로 신문과 특별한 관계에 있다는 얘기를 들었는데, 일자리 관련 지면에 공고해서 직장 생활에 대한 불만을 토로하고 싶은 사람을 모집한다는 식으로 말이다. 핀란드는 도서관 네트워크가 잘 형성돼 있다. 사람들도 도서관을 자주

이용한다. 그래서 도서관 사서에게 부탁하는 것이 하나의 방법이 됐다. 한국에서도 시도해보길 권한다. 분명히 정보의 확산에 도움이 된다.

Q. 불만합창단의 현재 진행상황은 어떤가?

A. 불만합창단에 대해 'American Danish Production'이라는 곳에서 영화를 찍어 현재 편집 단계에 있다. 한국에서 불만합창을 크게 하고 있으니 꼭 한번 들러서 확인해보라는 얘기도 전했다. 이미 마무리 단계라 올 생각이 없는 모양인데, 나로서는 굉장히 아쉽다. 이번 불만합창 페스티벌을 찍은 영상을 내게 보내주면 좋겠다. 한국의 불만합창 내용이 이 영화에 들어갈 수 있다면 좋겠다.

Q. 한국에 오기 전에 한국에 대해 어떤 점을 알고 왔나.

A. 남북 관계에 대해 알고 있었다. 잘 알지는 못하고, 한국에 오기 전에 위키피디아를 통해 조금 살펴본 정도다. 이제는 불만합창단으로 특별한 나라가 되지 않을까?

Q. 불만합창단 같은 행사가 처음부터 크게 기획된 것은 아니었다. 하다 보니 눈덩이처럼 커졌다.

A. 원래 그렇다. 나도 처음엔 작은 아이디어를 기획했을 뿐이었다. 헬싱키 불만합창단의 가사 대로 우리의 꿈은 어쩌면 현실보다 더 제한되어 있는 것 같다. 희망제작소라면 더 큰 꿈을 현실로 만들 수 있다고 본다.

세계의 불만합창단♪

세계 곳곳에 불만합창단이 생기기까지

2005년 핀란드 출신 예술가 부부인 올리버 코차 칼라이넨과 텔레르보 칼라이넨은 어느 추운 겨울날 헬싱키에서 산책하다가 문득 불평불만을 노래하는 합창단을 만들어보자는 아이디어를 구상했다. 이러한 발상은 핀란드어 '발리투스쿠로'라는 표현에서 착안한 것이다. 이 말은 사람들이 저마다 불평을 늘어놓는 상황을 묘사하는 데 쓰인다. 칼라이넨 부부는 이 표현을 문자 그대로 받아들여 진짜 '불만합창단'을 조직한다면 멋지지 않을까 하고 생각했다. 이들은 사람들이 불평불만을 이야기하는 것이 보편적이고 자연스러운 일인 만큼 불만합창단을 세계 어느 도시에서나 조직할 수 있을 것으로 생각했다.

♪ 여기 수록한 자료는 http://www.complaintschoir.org에서 가져왔다. 자료의 대부분은 2007년 12월~2008년 2월 중 희망제작소 사회창안센터에서 인턴으로 활동한 김나원이 번역했다. 2008년 6월 사회창안센터 번역 업무를 도와준 정준원은 몇몇 불만합창단 가사를 번역하고, 유튜브 동영상에서 원문 가사를 찾아주었다.

칼라이넨 부부는 이런 생각을 예술가들을 초대하는 여러 행사에 제안했다. 영국 버밍엄의 스프링힐협회가 관심을 보이면서 최초의 불만합창단이 현실화되었다. 버밍엄은 불만합창 프로젝트를 시작하기에 완벽한 곳이었다. 작은 포스터를 붙이고 전단을 붙여 참가자를 모았는데, 이곳의 사람들은 독특하고 재미있는 불만합창이라는 발상을 본능적으로 이해했다. 지역 음악가로 활동하는 마이크 헐리가 사람들의 불만에 곡을 붙였고, 참석자들은 그 곡을 2주 만에 완벽하게 연습했다. 불만합창단원으로 참여한 사람은 많지 않았지만, 불만을 모아 노래를 만들어 부른다는 이 프로젝트는 대성공이었다.

이후 칼라이넨 부부는 세계 곳곳에서 불만합창단을 조직해달라는 초청을 받았다. 이들은 헬싱키, 상트페테르부르크, 함부르크-빌헬름스부르크 불만합창단을 조직했다. 세계 곳곳에서 쇄도하는 요청에 응하기에는 한계가 있다고 생각한 칼라이넨 부부는 불만합창 웹사이트를 열어 지역에서 자발적으로 불만합창단을 조직하는 방법을 안내하고 사람들의 참여를 고취하는 일에 힘쓰고 있다.

1. 버밍엄(영국)

조직: 스프링힐협회, 텔레르보 칼라이넨, 올리버 코차 칼라이넨

단원: 18명

작곡·지휘: 마이크 헐리

공연: 2005년 5월 8일, 2005년 6월 5일

이 합창단은 2005년 5월 버밍엄 사람들의 불평불만을 접수하면서 시작되었다. 특별한 노래 실력을 심사하지 않고, 노래로 부르고 싶은 불만이 한 가지라도 있는 사람이라면 누구든 참여할 수 있도록 했다. 많은 사람이 불만의 글을 보내 왔다. 버밍엄 사람들은 불친절한 버스운전사, 상태가 안 좋은 바나나, 느려터진 컴퓨터에 대해 불평한다.

자신의 불평불만에 일종의 책임을 가지고 용기를 내어 최종적으로 불만합창단 단원이 되고자 지원한 사람은 15명이었다. 이들은 지역 음악가인 마이크 헐리의 도움을 받아 2주간 워크숍을 거쳐 자신들의 불만을 인상적인 합창곡으로 탈바꿈시켰다.

2. 헬싱키(핀란드)

조직: KIASMA ARS06, 텔레르보 칼라이넨, 올리버 코차 칼라이넨

단원: 91명

작곡·지휘: 에스코 그룬스트룀

공연: 2006년 3월 27~28일, 2006년 8월 24일

헬싱키 불만합창단은 KIASMA 의 ARS06 전시의 일부로 조직되었다. 접수된 불만은 2000건에 달한다. 기대했던 것 이상으로 90명이 넘는 사

람들이 합창단에 참여했는데, 그중 여성은 84명, 남성은 7명이었다. 헬싱키에서 가장 많이 제기된 불만은 시끄러운 휴대전화 벨소리, 대중교통을 이용하는 사람 중에 냄새나는 사람들, 핀란드가 스웨덴과 맞붙은 스포츠 경기에서 항상 진다는 것이었다.

헬싱키 불만합창단이 대중 앞에 모습을 드러내 신나게 불만을 노래한 지 몇 주가 지나지 않아, 핀란드가 경기에서 우승함으로써 핀란드의 유서 깊은 상처를 치유(?)해주는 일이 일어났다. 이후 헬싱키 불만합창단은 많은 곳에서 공연 초청을 받았다.

3. 함부르크-빌헬름스부르크

조직: 슈트 함부르크GfLK, 텔레르보 칼라이넨, 올리버 코차 칼라이넨
단원: 23명
작곡·지휘: 스테파니 레씬
공연: 2006년 6월

함부르크 중심에서 엘베 강 건너편 약간 남쪽에 있는 섬인 빌헬름스부르크는 심각한 도전에 직면해 있다. 이런 이유로 불만의 내용도 주로 빌헬름스부르크 도시행정과 함부르크 시장을 향한 것이 많다. 전 세계 어떤 불만합창단보다 정치적인 가사를 많이 노래한 함부르크-빌헬름스부르크 합창단이지만, "노래 가사가 정치적이지 않아 같이 부를 수

없겠소"라며 가사를 정하는 마지막 모임에서 자리를 박차고 나간 사람
도 있었다고 한다.

4. 상트페테르부르크(러시아)

조직: 전문예술협회, 텔레르보 칼라이넨, 올리버 코차 칼라이넨
단원: 54명
작곡: 알렉산더 마노스코프
지휘: 피터 포스펠로프
공연: 2006년 9월 28일~29일

상트페테르부르크 사람들은 다른 도시 사람들에 비해서 인간의 기
본적이고 심오한 문제를 노래한다. '나는 존재의 두려움이 불만스럽
다'라거나 '실현되지 않는 낭만적인 사랑'도 주된 불만의 대상이었다.
정치적인 문제는 직접적으로 표현되지 않은 반면, 극적인 변화를 겪고
있는 이곳 시민의 일들의 일상이 노래에 고스란히 반영되어 있다.

5. 포이킬락소(핀란드)

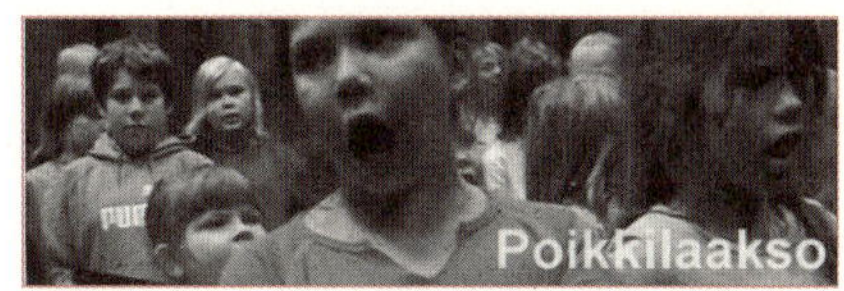

조직: 포이킬락손 초등학교, 마티 살로, 엘리사 힐리

단원: 50명

작곡: 마티 살로

지휘: 엘리사 힐리

공연: 2006년 6월

2006년 봄, 포이킬락소 초등학교 교사 세 사람이 헬싱키 불만합창단에 참여했다. 이들은 이 재미있는 경험을 학생들과 함께 나누면 어떨까 심사숙고했다. 아이들은 무엇에 대해 불평할까? 그들의 불평은 우스울까 아니면 슬플까? 텔레르보와 올리버가 교사들의 실험을 도와주었다.

수업 시간에 학생들에게 어떤 것이라도 좋으니 불만사항이 있으면 적으라고 해서 불만을 모으기 시작했다. 처음에 학생들은 '이것이 혹시 선생님의 교묘한 함정이 아닐까?'하는 미심쩍은 반응을 보이기도 했다. 마음속에 있는 불평불만을 마음껏 드러내도 괜찮다고 설득하고 나니, 아이들이 잡은 연필은 폭풍이 몰아치듯 움직이기 시작했다. 조심스럽게 불만을 제기한 아이도 있는 반면, 종이의 모서리까지 빼곡하게 불평을 써낸 아이도 있다. 더 쓸 공간이 있다면 아직도 할 말이 많다는 듯 말줄임표를 찍으면서. 아이들은 불만합창 프로젝트의 즐거움을 이해하고 즐거워했지만, 한편으론 아이들이 외로움과 교내 따돌림과 같은 슬프고 드러내기 어려운 삶의 무게를 짊어지고 있음을 발견하기도 했다.

마티 살로는 학생들의 불만에 운율을 맞추어서 노래로 작곡했다. 엘리사 힐 리가 지휘와 리허설을 맡았다. 학교 연례행사인 〈Jock'n Jollas 음악제〉에서 첫 공연을 했다. 봄이 끝나갈 무렵 YLE 라디오에서 이 노래를 방송했다. 그해 가을에 아이들의 불만을 담은 노래를 녹음했다. 불만합창단 웹사이트에서 모두가 이들의 노래를 보고 들을 수 있게 된 것이다.

6. 보도(노르웨이)

조직: 모르케 누 2006 축제, 올라 베스코, 카리 콕스비크

단원: 25명

작곡: 미카엘 론베르크

공연: 2006년 11월 2일

처음에 사람들의 불평불만을 모으기가 쉽지 않았다. 술집과 카페에 불만노트와 펜을 비치해두었더니 엄청난 불만이 접수되었다. 작곡가 미카엘 론베르크와 작업한 노래를 자원 활동으로 참여한 단원들이 단 하루의 워크숍으로 익히고 리허설까지 마쳤다. 이 노래는 보도의 현대예술축제 〈Morke Nu〉 개막행사로 단 한 차례 공연되었다.

7. 펜실베이니아 주립대학 불만합창단(미국)

조직: 크레이그 업톤, 윌 하이니

단원 수: 20명

작곡: 크레이그 업톤, 윌 하이니

공연: 2007년 2월

미국 펜실베이니아 주리대 4학년 수업을 듣는 학생들이 조직한 불만합창단. 자신들을 유펜 에코 창안PSU ECO INNOVATION이라 소개하는 이들은 유명한 록그룹 퀸의 〈보헤미안 랩소디〉를 패러디한 노래로 지역 문제뿐 아니라 전 지구적 문제에 불만을 토로했다.

8. 캐나다 우연 합창단(라디오 쇼)

조직: As It Happens / CBS 라디오 방송 / 앤 펜만

단원: 80명

작곡: 에릭 로버츠

지휘: 켈리 갤브레이트

캐나다 시비에스CBS 라디오 방송국이 청취자에게 불만을 받아 조직
했다.

9. 쥬네우(알래스카)

조직: Cabin Fever Spring Arts Fest, JAHC, 낸시 디체니
단원: 7명
작곡: 패트리샤 헐, 토니 텡스
공연: 2007년 3월 9일

쥬네우 불만합창단은 2007년 3월 9일 알래스카 주청사 계단에서
〈Cabin Fever Spring 예술제〉의 일부 행사로 공연했다. 작곡가를 포함
한 7명의 단원이 부른 노래는, 불만을 '단순한 투덜대기'에서 '진정한
예술형태'로 끌어올렸다.

더 많은 단원이 함께하기를 바랐지만, 공교롭게도 예행연습을 하는
날 밤에 사상 최악의 눈보라가 휘몰아쳤다. 집 밖으로 나오지 말라는
경찰의 경고를 무릅쓰고, 8명의 용감한 영혼이 참석했다.

알래스카의 혹한과 싸운 이들은 쥬네우의 새로운 주요 연례 문화행
사의 개척자가 되었다. 쥬네우 불만합창단은 전 시민이 동참할 때까지
해마다 새로운 노래로 단원을 모을 것이라고 한다.

10. 가브리올라 불만합창단(캐나다)

조직: 게일 룬드, 가브리올라 섬 가수들

단원: 45명

작곡: 게일 룬드

공연: 2007년 4월 만우절

가브리올라 섬은 밴쿠버에서 조금 떨어진 곳으로, 인구 4000명이 사는 작은 섬이다. 노랫말과 곡은 합창단의 음악 연출가이자 창립자인 게일 룬드가 썼다. 불만을 모으는 광고가 나가자 무수히 많은 불만이 접수되었다. 2007년 만우절에 맞추어 가브리올라 가수들의 콘서트에서 공식적으로 공연했다.

11. 예루살렘 불만합창단

조직: 시반 센하브

단원: 17명

작곡: 시반 센하브, 사하르 글레제, 자스민 바그너

공연: 2007년 4, 5월

예루살렘 불만합창단은 창립자인 시반이 룸메이트 노아의 메일을 확인한 것에서 시작한다. 노아는 유튜브에 올라온 불만합창단 영상을 링크시켜 놓았다. 시반이 이것을 보고 한껏 웃고, 합창단의 새로운 곡에 대해 영감을 얻기를 바라는 마음으로 보낸 것이었다.

시반은 불만합창이라는 아이디어가 마음에 쏙 들었다. 이메일을 여기저기 뿌리는 것으로 시작해, 전단과 광고를 학교 구석구석에 붙였다. 17명의 불만쟁이가 모였다. 음악학교 작곡과 학생인 시반, 사하르, 자스민이 불만을 정리하고 노래를 작곡했다. 합창단원들과 재밌는 예행 연습을 몇 차례 한 다음 멋진 노래를 완성했다. 불만이 담긴 노래는 대규모 학생시위에 사용되기도 했다. 불만합창단은 음악학교 콘서트에서 공연을 하기도 했다. 지금도 새로운 회원이 가입하고 있다.

12. 멜버른 불만합창단(호주)

조직: ACCA

단원: 24명

작곡: 벤 맥도날드

공연일자: 2007년 6월 3일

헬싱키 불만합창단 공연이 예술가인 우리가 하던 작업과 비슷하다고 느꼈다. 우리는 비디오 작업과 공연에 가수와 음악가가 아닌 사람을 포함시키는 작업을 해왔다. 때로는 작업과정에 청중을 참여시키기도 했다. 불만합창단 웹사이트를 발견하고 호주에도 하나 창단할 것을 권유하는 글을 읽었다. 대중 앞에서 불만을 토로할 절호의 기회라는 생각이 들어 불만 사항을 모으고 노래할 사람을 모았다. 〈당신의 불확실성을 늘려라〉 전시를 시작하는 주말에 최초로 공연했다. 약 500명의 청중이 몰려와 많은 격려를 받았다. 우리 불만합창단은 널리 보도되기도 했다.

13. 부다페스트 합창단

조직: 대니얼 파제카스, 안드레아 비도

단원: 48명

작곡: 크리스토프 다바스

지휘: 레카 킹가 팹

공연: 2007년 6월

부다페스트 합창단 아카 파나스코루스는 예산 없는 풀뿌리 사업으로 운영되었다. 목표는 부다페스트 시민에게 불만합창 아이디어를 알리고 참여를 유도하는 것이었다. 신문, 라디오, 티브이 같은 매체에 소개되면서 무려 2000건이 넘는 불만이 모이고, 120명의 합창단원이 등록했다.

몇 번의 예행연습을 거치면서 걸작을 만들려는 의도로 단원을 들볶은 지휘자를 단원이 뜻을 모아 퇴출시키는 일이 발생하기도 했다. 새로운 단장과 뜻을 모은 불만합창단원들은 길거리와 혼잡한 대중교통의 현장에서 게릴라 공연을 했다. 찌껫 축제와 2000명이 넘는 청중이 있는 ARC 포스터 전시회의 개막식에서 공연을 하기도 했다.

14. 시카고(미국)

조직: Smog Veil Record

단원: 70명

작곡·지휘: 제레미 제이콥슨

공연: 2007년 11월 3일, 4일

미국에는 이미 두 개의 불만합창단이 조직되었지만, 불만합창 창시자인 칼라이넨 부부의 도움을 받아 정식으로 출범한 것은 시카고 불만합창단이 처음이었다. 칼라이넨 부부는 미국에서 불만합창단을 조직하고 싶다는 연락을 받았을 때, '핀란드와는 달리 긍정적인 사고가 강한 미국에서 이런 시도를 해본다면 어떻게 될까' 하는 흥미를 느껴 선뜻 수락했다. 전화와 이메일로 불만가사와 합창단원을 모으기 시작하자 시민은 엄청난 반응을 보였다. 작곡가가 200여 문장의 불평에 곡을 붙일 시간이 없을 정도였다.

한편에서는 불만합창에 대한 항의와 우려의 목소리도 있었다. 캔자

스에서 21일 동안 불평하지 않는 '불평 없는 세상' 운동을 시작한 윌 보웬Will Bowen 목사는 "불만합창은 당신이 무엇을 원하는가보다 무엇을 원하지 않는지에 더 초점을 맞춘다. 당신이 노래할 때 불평불만의 부정적인 파동이 증폭되는 것이다. 나는 현재의 잘못된 것들에 대해 이야기하는 대신, 차라리 아직 도래하지 않은 위대한 것들에 대한 비전을 그려내는 합창단을 보고 싶다"고 말하기도 했다.

칼라이넨 부부와 시카고 불만합창단의 생각은 물론 다르다. "사람들로 하여금 불만을 이야기하지 못하게 한다면, 건강에도 좋지 않을 거라고 생각한다. 불만을 나누는 것은 모든 인간의 권리이며, 의사표현의 매우 중요한 일부분이다."

10월 16일에 열린 첫 번째 모임에 35명이 참석했다. 모인 불만을 살펴보니 교통문제에 대한 불만이(50건) 인간관계에 대한 불만(1건)보다 월등히 많았다. 11월 2일까지 5번의 모임을 마치고 예행연습을 거쳐 11월 3일 현대미술관Museum of contemporary Art에서 인권축제의 일부 행사로 공연했다. 이후 시내 곳곳에서 사전공고 없이 수차례에 걸쳐 깜짝 공연을 했다.

15. 싱가포르 불만합창단

조직: 프린지 페스티벌, The Necessary Stage, 텔레르보 칼라이넨, 올리버 코차 칼라이넨

단원: 50명

작곡: 와이 룬 총

공연: 2008년 1월

프린지 페스티벌에서 주최한 싱가포르 불만합창단은 다른 불만합창단이 그렇게 해왔듯, 불만이 즐거운 노래로 변해가는 과정에 즐거워했다. 그런데 공연 하루 전날, 정보통신예술부에서 공문이 하나 들어왔다. 불만합창단에 외국인이 포함되어 있는 한 공연을 허락할 수 없다는 내용이었다. 외국인이 싱가포르에 대해 공개적으로 불평하는 것을 용인할 수 없다는 입장으로, 외국인이 빠지면 공연을 허락하겠다는 조건부 허가를 제시했다. 누구나 참여할 수 있다는 불만합창의 원칙과 정면으로 배치되기 일이었다.

이런 모든 상황은 로이터 통신을 통해 전 세계에 알려졌다. 결국 프린지 페스티벌 측의 노력으로 싱가포르 불만합창단은 국회의사당 안에서 공연을 할 수 있었다. 사전에 초청장을 받은 사람만이 청중으로 입장할 수 있었다. 아이러니 한 것은 공연이 열린 장소가 '외국인은 싱가포르에 대해 공개적으로 불평할 수 없다'는 금지조항이 만들어진 장소라는 사실이었다.

16. 코펜하겐 불만합창단

조직: U-Turn Festival, 텔레르보 칼라이넨, 올리버 코차 칼라이넨

단원: 12~20명

작곡: Esben Bladbjerg

공연: 2008년 9월 5~6일

케임브리지 대학의 최근 연구에 따르면 덴마크 사람들은 유럽에서 가장 행복한 사람들로 조사되었다. 하지만 코펜하겐에도 불평불만은 가득했다. 불만합창단 조직 과정에서 음악 스타일을 두고 양쪽으로 팽팽히 갈렸다. 한쪽은 뭔가에 대해 항의하고 소리 지르는 형태의 노래를 원한 반면, 한쪽은 좀 더 선율이 있고, 후렴이 있는 노래를 불러야 한다고 주장했다. 결국 후자의 형태로 노래를 만들기로 했는데, 이 때문에 몇몇 단원은 불만합창단을 떠나기도 했다. 코펜하겐 불만합창단은 〈U-TURN 페스티벌〉의 오프닝 공연을 담당했다.

* 이 외에도 홍콩, 피렌체, 뉴욕, 스톡홀름, 밴쿠버, 오클랜드(뉴질랜드), 동경에서 불만합창단이 조직되었다. 지금 전 세계 곳곳에서 불만합창이 열리고 있다.

한국의 불만합창단♪

1. 관악 한울림 불만합창단

조직: 관악사회복지

단원: 구희범, 김방수, 김병무, 김봉성, 김주현, 오지영, 이소연, 이창
훈, 조두현, 조항주, 주성호, 최용문, 한정선, 황은주

관악사회복지 한울림장애인야간학교는 정규교육에서 배제된 관악
지역 성인장애인에게 교육 기회를 제공하는 단체입니다. 야학을 통해
장애인들의 자존감을 세워주어, 당당한 지역주민으로 거듭나도록 돕는
활동을 하고 있습니다.

___

♪　불만합창단의 공연 모습은 http://hotetv.makehope.org/category/31에서 볼 수 있다.

불만합창 페스티벌에 참가함으로써 장애인으로 하여금 자신감을 얻는 기회를 제공하는 한편, 운영하는 데 어려움이 있는 장애인야간학교의 현실도 널리 알리고 싶습니다. 아무쪼록 많은 분이 장애인야학의 현실에 관심을 보여주시기 바랍니다.

창작곡으로 우리가 가진 불만을 노래할 수 있도록 도와주신 한울림 장애인야간학교 교사 최용문 선생님께 감사드립니다.

<한울림 관악별곡>

비틀린 몸뚱어리 머리도 나빠, 되는 일 없어 / 커다란 짝궁둥이 안 맞는- 청바지
내 맘을 몰라주는 그 사람 앞에 고개를 떨궈 / 언제나 불쌍한 듯 쳐다-만 보는데
내 나이 사십인데 젠장 벌어 오진 못할망정 비싼 쌀만 작살내고 / 부모님 용-돈을 받아 하루하루 살아야 하네.

엘리베이터 좁은 공간 휠체어를 처넣고 / 아슬아슬 곡예처럼 힘겹게 야학 교실에 들어서면
싸고 차가운 김밥 한 줄, 한 줄만- 더 줘요 / 배고파, 이제는 싫어 지겨워 제발 김밥은 인제 그만

울 동네 구청건물 최고급 호텔 삐까리 삣쩍 / 울 동네 공무원은 삐딱-하고 뻣뻣해
새우깡 과자 봉지 속에 말 안 듣는 똥강아지 머리 찾아 헤매다가 / 미친 소 뼈-다귀 찾아 주구장창 땅굴만 파네.

엘리베이터 좁은 공간 휠체어를 처넣고 / 아슬아슬 곡예처럼 힘겹게 야학 교실에 들어서면
싸고 차가운 김밥 한 줄, 한 줄만- 더 줘요 / 배고파 이제는 싫어 지겨워 제발 김밥은 인제 그만

도로에, 식당에도 가는 곳마다 수많은 턱 / 장애인 복지예산 턱이 없이 부족해

늘어난 건 비정규직뿐 그마저도 장애인은 받아주는 곳도 없어 / 장애인 수당만이라도 줘야 먹고 살 거 아니야

엘리베이터 좁은 공간 휠체어를 처넣고 / 아슬아슬 곡예처럼 힘겹게 야학 교실에 들어서면
싸고 차가운 김밥 한 줄, 한 줄만– 더 줘요 / 배고파, 이제는 싫어 지겨워 제발 김밥은 인제 그만

2. 누리꾼 불만합창단

조직: 다음 카페 장백
단원: 다른건다큰데가슴만작아, 민트초콜렛, ㅂㄱㅂㄱ햄토리, 박성광, 산소같은년, 아나미치겠어,아씨발꿈치, 작은정원, 아르마니, 졸랐지요, 31세장C, 鬪悲, MustBe, 스파티필름

온라인에서 활동하는 누리꾼 20명이 만든 불만합창단입니다. 세상 살기는 점점 어렵고 스트레스는 쌓여만 가는데, 어떻게 해결해볼 수 있을까 고민하던 차에 불만합창단을 알게 되었습니다. 불만합창단 활동을 하면서 불만을 노래하다 보니, 불만이 짜증 아닌 즐거움으로 다가오더군요.

불만합창으로 우리가 즐거워졌듯 다른 이들도 그런 기분을 느낀다면 좋겠습니다. 앞으로 '누리꾼 불만합창단'은 더 많은 공연에서 사람

들과 불만을 부르면서 즐거움을 나누겠습니다.

불만, 불만 우리는 불만 많은 누리꾼 불만이 많아 이렇게 인터넷에서 뛰어나왔지 / 지하철 공기는 너무 탁하고 대중교통비는 자꾸만 올라 / 학생 땐 시간 많고 돈이 없었는데 직딩 되니 시간 없고 돈도 없네 / 세금은 내렸다는데 내 세금만 자꾸 오르는 것 같아

청계천엔 쥐새끼 광화문엔 바퀴벌레
불만 불만 불만 우리들의 불만을 들어주세요 (반복)

소화기로 메이크업 물대포로 클렌징 온수를 달라 / 전과 없는 대통령 거짓말 안 하는 대통령 최소한 한국 사람이면 좋겠어 / 왜 명품판매장 매장녀들은 지들이 명품인줄 아는 건지 / 왜 옛 남친들은 새벽에 전화해서 자느냐고 물어보는 거야? (잔다 이놈아)

안 생겨요 안 생겨 없는 놈은 뭘 해도 안 생겨 (반복)
여자는 왜 좀만 친절하게 대해주면 좋아하는지 알까(남자들)
남자는 왜 영화보고 밥 먹으면 맘 있는 줄 알까(여자들)

경제보다 인권을 인권선진국을 만들어요 / 똥차 가고 벤츠 온다더니 똥차도 안 와 (커플지옥 솔로천국) / 가스비 연탄값도 오르는데 서민들은 어떻게 하나

집도 절도 없는데 종부세는 왜 반대해?
안 생겨요 안 생겨 없는 놈은 뭘 해도 안 생겨 (반복)

그래도 촛불은 아직 꺼지지 않았어요 / 이제는 시국 걱정 그만하고 싶어요

3. 드림한누리공부방 불만합창단

조직: 봉천동 나눔의집 드림한누리 공부방

단원: 한상은, 임정희, 김민진, 한진주, 전 별, 한소라, 박소정

공부 잘하고, 훌라후프가 특기인 '루시아' 진주는 훌륭한 선생님을 꿈꾸고, 종이접기와 컴퓨터 게임을 즐겨 하는 '콩나물' 별이는 의사가 되고 싶습니다. 조용하지만 하고 싶은 말은 또박또박 표현하는 소라는 미용사가 되고 싶고요, 해맑은 미소로 기쁨을 주는 '아기 배불뚝이' 소정이는 가수가 되고 싶습니다.

여기서 끝이냐고요? 모든 일에 적극적이고 다른 사람을 웃게 해주는 상은이는 유치원 교사가 꿈이고요, 호텔직원을 꿈꾸는 정희는 나주에 경영할 호텔 수입의 3퍼센트를 공부방에 기부하는 것이 꿈이라고 합니다. 언니들을 잘 따르는 예쁜 동생 민진이는 멋진 마술사가 되어 무대에 서고 싶답니다.

꿈도 많고, 불만도 많은 봉천동 드림한누리공부방 5, 6학년 왈가닥 소녀들로 구성된 '밤바다의 소녀들'은 선생님들의 권유와 상품 및 뒤풀이에 대한 갈망으로 불만합창을 시작했습니다. 학교도 싫고, 공부도 싫다고 노래하는 아주 솔직하고 귀여운 소녀들입니다. 소중한 친구들과 선생님들을 만날 수 있는 공부방에서 온종일 놀기만을 꿈꾸는 우리의 노랫소리에 귀 기울여주세요.

<불만송 하나>
학교 싫어 싫어, 공부 싫어 싫어, 외국어 싫어 오~노
쌤 맘대로만 해, 훈화 너무 길어, 시험은 너무 많아
1번 버스 아저씨는 짱 불친절해, 300원 낸다고 나 무시하지 마
우리 학교 1, 2학년 너무 편애해 왜냐하면 1, 2학년 벽걸이 TV야
방학 짧아, 쉬는 시간 짧아 / 중국 매미 싫어요, 미치겠어
학교 화장실 싫어, 공빵 화장실 싫어, 너무나 잘 막혀

공부 너무 집착, 시골길 너무 막혀(막혀)
던킨 너무 비싸, 이사 가고 싶어 / 정말 난 미치겠어

공부방 더러 더러, 양말 더러워져, 새까만 양말 오~노
교복 왜 입어야 해, 늦잠 자고 싶어, 우린 왜 죽어야 돼

놀토는 너무 적어, 집은 더 적어, 문방구 환불 안 돼, 내 방 갖고 싶어
울 담임은 자뻑 심해, 숙제는 왜 해 / 키는 안 커, 몸무게만 불어

방학 짧아, 쉬는 시간 짧아, 중국 매미 싫어요, 미치겠어
학교 화장실 싫어, 공빵 화장실 싫어, 너무나 잘 막혀 / 정말 나 미치겠어

<불만송 둘>
우리 불만 너무 많아 우리는 불만투성이 / 잠을 평생 자고 싶어
성적표 왜 나눠줘 / 추운 거 더운 거 다 싫어 / 불만 불만 불만 불만
공빵 사무실 못 들어가 / 들어가면 벌금이야 / 5513 버스 기다리는 시간 길어 길어
학교매점 식당 없어 / 부모님 싸움에 내 등 터져
언니오빠 심부름하기 너무 너무 귀찮아 / 늦게까지 놀면 왜 안 되나요
빨래 청소 너무 싫어 / 구해줘 오 내 불만
십 년이 가면 내 불만 없어질까 / 언젠간 불만 없어지겠지
(다른 불만 생길 거야!)

4. 북아현동 불평합창단

조직: 추계예대 판화과 프로젝트팀

단원: 고은비, 김지은, 나은정, 백정필, 서문기, 양소영, 오광환, 오형
　　　신, 이효나, 임정숙, 조아라, 황소영, 현지혜

추계예술대학교 판화과 프로젝트팀은 서울시 도시갤러리추진단 지
원으로 〈북아현동에서 잃어버린 마르티스 여아를 찾습니다 프로젝트〉
를 진행하고 있습니다. 북아현동 불평합창단은 도시갤러리 프로젝트
중 하나입니다. 희망제작소에서 불만합창 페스티벌을 준비한다는 소식
을 우연히 듣게 되어, 이왕이면 함께 진행하면 좋을 것 같아 행사에 참
여하게 되었습니다.

추계예술대학교 실용음악과 학생들이 직접 곡을 만들고 북아현동
주민 여러분과 함께 가사를 만들었습니다. 전문가가 아닌 주민 분들이
부르는 노래이기 때문에 능숙하게 잘하지는 못하겠지만 즐겁게 불만을
노래하는 데 의의를 두고, 이러한 계기를 통해 예술이 삶의 현장에서
이웃과 함께 살아 숨 쉴 가능성을 찾아보려고 합니다.

비좁은 인도 없는 차도를 걸어야 해 고양이와 비둘긴 언제부턴가 내 친구
복잡한 역 앞의 교통 체증 한참을 기다려도 오지 않는 마을버스
어두운 저녁에 가로등 없는 골목길은 내가 마치 공포 영화 주인공이 된 것 같아
믿었던 24시 분식집은 날 편의점으로 향하게 하는데
(여긴 북아현동) 참 높은 언덕들과 (더 좋게 말하면) 나무 없는 산이지

(집세는 오르고) 월급은 오르지 않아 속상한데 개와 산책할 곳도 없어

새벽녘 골목에는 쓰레기 넘쳐나죠 음식물 쓰레기 함께 양심까지 버린 건지

맛있는 식당 하나 없어요 이유 없이 굴다리를 돌아가는 마을버스

어두운 저녁에 가로등 없는 골목길은 내가 마치 공포 영화 주인공이 된 것 같아

믿었던 24시 분식집은 날 편의점으로 향하게 하는데

(점점 더 세금도 올라 물가도 올라 걱정만 늘어가요 힘들어져요)

(길가에 쓰러져 있는 이웃에게도 관심을 가져줘요)

(여긴 북아현동) 참 높은 언덕들과 (더 좋게 말하면) 나무 없는 산이지

(집세는 오르고) 월급은 오르지 않아 속상한데 개와 산책할 곳도 없어

5. 서울 멋대로 불만합창단 1기

조직: 희망제작소

단원: 곽현지, 김선배, 김은정, 김이혜연, 김해인, 나성곤, 나윤경, 도
대체, 박봉자, 박완규, 박찬진, 손미경, 위성은, 육진아, 이고
운, 이성은, 이영주, 이은영, 이은정, 이준용, 정준원, 채유희,
최고운, 황순영

불만합창단 홈페이지에서 온라인으로 모집한 '서울 멋대로 불만합
창단'입니다. 고등학교 1학년 학생부터 60대 할머니까지 다양한 세대
와 활동 분야를 아우르는 단원으로 구성되었습니다. 지난 9월부터 5차
례 정기모임으로 불만을 논의하고 가사를 정하고 노래를 만들어 준비
했습니다. 모인 분들 모두 노래에는 일가견이 있다고 자랑합니다. 세상

살이에 대한 불만 역시 남부럽지 않게 많습니다.

불만이 넘쳐 가사도 넘쳐나지만, 우리의 불만이 여러분과 공감대를 형성해 같이 고개를 끄덕거릴 수 있다면 좋겠습니다. 작곡을 전공한 이고운 님이 아름다운 멜로디를 만들어주었습니다. 다 같이 모은 불만을 가사로 만드는 일은 이영주 님, 최고운 님이 도와주었습니다. 서울 멋대로 불만합창단, 파이팅!

늘 피 터지는 입시 전쟁 / 어이쿠 영어가 사람 잡네
교육문제 큰났다 말로만 떠들어 / 내 자식은 무조건 명문대로
취직은 언제 해 결혼은 안 하니 / 대체 내 세금은 어디다 쓰나
남들 의식하며 살기 싫어 / 근데 왜 다들 옷은 똑같이 입나

1인당 국민소득 2만 불 / 하지만 행복지수 바닥을 친다네
아무리 1등이 좋다고 해도 / OECD 중에 자살률로 1등 하네
사장님 완샷 좀 그만 시켜요 / 죽을 병 걸려야 보험 타요
대통령도 리콜이 되나요 / 미국산 쇠고기 싫어요

게으르다 하지 마 / 아무것도 안 할 때 행복할 뿐
근데 내가 예약한 노래는 / 누가 취소했니?
택배는 내가 없을 때만 오네~

서울 공기 더러워 / 공중 화장실 더러워
인터넷 댓글 젤 더러워 / 선거 트럭 확성기는 소음 공해라네!

배고픈 사람은 늘어나는데 / 음식쓰레기 줄지 않아
사람 수 대로만 주문받는 식당 / 재활용 반찬은 먹기 싫어
낮잠을 깨우는 초인종 소리에 / 달려 나가보면 '예수 믿으세요'
통일은 대체 할 생각 있나 / 불만은 많은데 시간이 없네

비정규직은 안 돼 전쟁 싫어 / 등록금은 자꾸 왜 오르기만 할까
얼굴 본 지 일 년이 넘었는데 / 메신저로 말 걸어 청첩장 좀 보내지 마
시내버스 냉방은 냉동실 / 버스 탈 때 모자를 써야 되나
낡으면 문화재도 부숴버려 오! 시장 정신 차려요

1등 아니면 꼴등 경쟁 부추기는 세상 / 자전거 도로 가다 보면 길이 끊어진다네
막차는 왜 12시에 끊기나~ (좀 놀게 해줘!)

출근 버스 늘려줘 유모차 버스 태워줘 / 지하철 쓰레기통 돌려줘
내가 가난한 거야 집값이 비싼 거야!

애들은 노는 법을 잊었어 / 어차피 학원 말고 갈 데 없어
왜 아무도 행복하다는 말을 못해 / 행복하면 벌 받는 나라인가
지하철에 쩍벌남 오므려 집게를 / 단체사진 찍으면 내 얼굴만 이상해
거짓말 좀 그만 하랬더니 / 이 정부는 만날 오해래

청와대 입주하면 이상해져 / 자도 자도 피곤이 풀리지를 않아
왜 여럿이 모여도 외로울까 / 기다리는 메일 대신 스팸 메일만 한가득
문자 요금제 너무 빈곤해 / 버스 노약자 좌석부터 앉지 마요

그동안 너무 참고 살았어 / 불만이 없다면 이상해

6. 익산 불만합창단

조직: 익산 희망연대

단원: 송민영, 김소진, 김현희, 송인규, 손은정, 최민정, 이민주, 황재
훈, 박선미, 나영만, 김송희, 조경선, 조은아, 우희준, 심요선,
신행란, 한성욱 , 최경애, 고은민, 최재민, 백성진, 김다윗, 조
충건, 박인향, 유예찬, 유예진, 신소용, 신화용, 문지나, 문지선

익산희망연대는 인간다운 삶을 누리는 행복한 익산을 만들려는 지
역시민단체입니다. 여러 매체에서 불만합창단이 조직된다는 소식을 듣
고 익산희망연대 회원을 중심으로 어린이부터 60대 어른들까지 25명의
합창단원을 조직했습니다. 익산 시민의 다양한 불평불만을 모아 토론
을 거쳐 가사를 만들고 단원들이 음악가라고 부르는 송인규 님의 지도
로 〈나는 문제없어〉〈얄미운 사람〉〈Gimme, Gimme, Gimme〉 등의 대
중가요 멜로디를 빌려 메들리 형식으로 노래를 연습했습니다.

익산불만합창단은 페스티벌 참여를 계기로 상시적인 노래 동호회를
결성하여 '익산시민연대 5주년 행사'와 '10월 시민강좌'에서 노래할 예
정입니다. 우리의 불만이 노래로 그치지 않고 실제로 우리 삶을 개선할
수 있도록 앞으로도 꾸준히 노력하겠습니다.

〈나는 문제없어〉
우리는~ 어린이 익산 불만 합창단~~ / 서울 오는 시간? 너무 길어 불만이야 (불만
이야)
시끄럽다고 혼내시는 아래층 무서운 아저~씨 / 담배연기 매일 올려 정말 정말 싫어~

식당에 모인 여자 넷 조잘조잘 시끄러워 / 익산시 공단 주변은 악취 때문에 못살겠다
(못살겠다)
큰며느리는 왜 항상 긴장 속에 살아야 해 / 쿠폰으로 시킨 피자 개도 못 먹어 맛이 없어

남의 차 긁고 가지마 (속상해) 휴대폰 충전기 다 달라서 불편해 / 미국산 소 왜 들어와
~~

영어 못하면 취직 못 해 (너무해) / 학원비 비싸~~ 학교폭력 너무 심해 / 방학 너무
짧아~~

〈얄미운 사람〉

익산은 집값이 왜 이리 비싸(악) 지방 인~데~도 / 대출 금리는 높고. 이율은 너무
낮고. 대출도 쉽지는 않아
아이스크림 너무 비싸 과자도 비싸 (윽) 먹을 게 하나도 없어 / 휴가 한 번이면 통장은
완전 펑크 손가락만 빨아야 하나
오일장 두 번째 큰 북부시장 있건만 익산에 이익 없는 마트로만 가 / 기름값 비싸다고
말들 하지만 / 아~ 차 많이 다녀

〈Gimme Gimme Gimme _맘마미아 수록곡〉

18억 원 골프회원권 누굴 위해 사주나 익산시 이래도 되는 건가요
노조 없는 회~사원도 휴일수당 지급해 야근수당 지급해 힘들다고

원광대 대학로(문화 공간 없어) 놀이동산 없어 (애들 갈 곳이 없~어)
공부 공부 공부 제발 싫어요 나는 몰래 버린 쓰레기에 양심 버려
우리나라 공연비는 왜 그리 비싸 솜리회관 대관료도 너무 비싸

〈말 달리자〉

국제중에 누가 가나 우리 아빠 너무 늦어 / 물가는 오르는데 월급은 왜 그대로 (바꿔!)
주차장은 하나 없고 카메라만 너무 많아 / 실업자 넘쳐흘러 일 할 곳 하나 없어 (바꿔!)
우리 사는 세상 바꿔요 제발 바꿔 / 소형차 무시하고 외제차 대접받고 (그~러~지~마)
뭐야 내 나이 청춘 돌려줘 / 애인이 없어 여자가 없어

〈남행열차〉

애인에게 차였어 헤어진 것 아니야 임산부에 초음파 잦아

여기 파 저기 파 대책 없는 가스 공사 좁은 거리 담배 꺼내지 마

깜빡 깜빡이 좀 켜주면 안 되나요 / 월요 조회시간 잔소리만 30분 10시면 공원도 깜깜
여성 위한단 말뿐 익산시 뭐하나 / 노크 없이 문 열지 마요

의사실수 괜찮아 환자만 죄인 돼 / 의료법 바꿔주세요

〈그대에게〉
내 삶이 끝나는 날까지~ 불만이 없었으면 해 라~라~라~라

7. 즐거운 불만합창단

조직: 장애여성공감

단원: 안인선, 박주희, 김광이, 정영란, 진희, 서지원, 이시은, 아르망
　　　드, 이현정

　'장애여성공감(이하 공감)'은 장애 때문에 소외된 여성의 문제를 알리
고, 그들이 사회구성원으로서 동등한 권리를 되찾도록 돕는 단체입니
다. 공감은 장애여성의 목소리를 높여 그들의 경험을 드러내고, 욕구를
표현함으로써 장애를 무시하지 않으며, 장애여성을 동등하게 생각하는
사회를 만드는 일을 목적으로 활동하고 있습니다.

　장애여성은 세상에 대한 불만이 많습니다. 불만을 이야기하면 세상
은 장애여성에게 '꼬였다'고 말합니다. 과연 이들이 꼬인 걸까요? 장애

여성은 평생 불편함을 감수하면서도 사회의 눈초리를 받으며 삽니다. 사람은 누구나 환경에 영향을 받습니다. 우리는 이들을 둘러싼 잘못된 환경에 대한 불만을 토로하는 것뿐입니다.

우리는 즐거운 마음으로 불만을 노래하겠습니다. 우리의 불만이 기분 나쁜 외침이 아니라 세상을 바꾸는 큰 메아리가 되기 바랍니다. (불만은 많지만 우리가 얼마나 즐겁게 사는지 모르실 거예요. 우리는 불만을 노래하는 장애여성 마녀들입니다!)

〈내 말 좀 들어봐〉

쌀까 말까 참을까 말까 / 장애인화장실 찾아
참고 참았어, 방광염이래 / 병원에선 진료거부

(웅성웅성, 장애인화장실 찾아갔더니 왜 청소도구함이야? 찾아갔는데 글쎄 휠체어도 안 들어가는 거야?
근데 왜 남이 말할 때 안 듣는 거예요 근데 군자역 엘리베이터는 너무 불만이야)

이동권 투쟁 때였어 지하철 40분 연착 / 우리 땜에 늦었다 하네
쓰레기래 장애인쓰레기래 / 승강기 설치되니 먼저들 타시네

(웅성웅성, 휠체어장애인은 언제 타라고 야 간신히 타고 나왔는데 턱이 높아
장애인콜택시 왜 문자접수 안 받는 거야? 분위기 있는 카페도 턱 때문에 못 들어가 턱!)

턱턱턱턱턱 (아이고 숨차) 너무나 턱턱턱 / 유도블록 위에 짐 많아
주차방지기둥 시각장애인 위협하네 / 우리는 불만 마녀들, 폭발할 거야~~

〈있잖아〉

잘못된 전통 거부하면서 / 무의식적으로 나는 따라가네 (이런 내가 싫어)

장애여성 며느리는 죽을죄인 / 장애여성 가사노동 시달리네
왜 내 발에 맞는 신발은 없는 거야 / 아~아~ 신발 벗겨져

왜 자꾸 살쪘다고 해, 정말 짜증 나 / 수급자는 일할 수가 없어
아~아~ 일해 봤자 거기서 거기

산부인과 가니 / 왜 아기 낳느냐 하고
독립하려 하니 방값은 너무 비싸

즐거운 합창단의 노랫소리 / 다시 울려 퍼질 때
누구도 울지 않고 / 누구도 슬퍼하지 않고

시설은 너무 싫어 독립하고 싶어 / 불만 마녀들 다시 노래 부르리
아~아~아~

8. 진주 꾀꼬리 불만합창단

조직: 진주여성민우회

단원: 강은주, 김민자, 김점남, 김현숙, 박영이, 박정심, 박혜숙, 배순
　　직, 서은애, 손미옥, 이강산, 이경미, 이광지, 이종숙, 이경희,
　　이정선, 정윤정, 정인례, 하정희

　　진주여성민우회는 생활 속에서 여성운동을 실천하는 단체입니다.
여성에 대한 부당함을 문제로 삼고 개선하는 데 노력하고 있습니다. 꾀

꼬리 불만합창단은 30, 40대 여성 18명과 지역아동센터 공부방 학생 두 명으로 구성되어 〈여행을 떠나요〉 가사를 바꿔서 불만을 노래합니다. 꾀꼬리 합창단은 앞으로도 다양한 행사에서 불만을 노래할 것입니다.

10월에는 여성차별사례 10선을 뽑는 반차별 캠페인, 11월에는 재활용품 나눔 행사인 알뜰살뜰 번개시장, 12월에는 진주여성민우회에서 여성인권신장을 위해 노력한 개인이나 단체를 선정하여 시상하는 진주여성평등상 시상식 등에서 공연을 할 예정입니다. 진주 꾀꼬리 불만합창단의 활동에 많은 관심 부탁합니다.

첨 본 사람이 내게 묻는 말 / 몇 살입니꺼 어디 삽니꺼 / 온 국민이 다~ 통계청 직원이야~
인터넷 강국 온 동네 PC방 / 게임 중독도 전 세계 최강 / 나의 정보도 모두가 공유해~
세계의 절반도 되지 않는 / 복지예산 왜 자꾸 줄이나 / 국회의원 월급도 줄여요~
직장인 세금은 봉인가요 / 고소득자 세금은 뻥이야~ / 서민들은 지구를 떠나라
송아지 출산 무조건 30만 원 / 우리는 셋째 고작 20만 원 / 둘째는 아예 한숨만 나와
연예인 성형을 자랑하니 / 사람들은 애 얼굴 견적 뽑네 / 거리마다 똑같은 얼굴들
학교 앞 아이들 교통안전 / 녹색조끼 어머니뿐이야 / 아이 안전 모두가 지켜야지
쇼윈도에는 44마네킹 / 내 몸매 닮은 마네킹 없네 / 88사이즈는 어떡하라고
도대체 아이들 단기방학 / 누굴 위해 고집을 피우나 / 어쩌라고 아이를 방치하나
어린이 공연엔 보모 없어 / 따라가는 어른도 표 받아 / 그렇다면 할인을 해야지
할인은 왜 안 해~ (할인은 왜 안 해~) / 할인을 해줘야지 공짜라면 복 받을 겨
아~ 우리는 두더지 다람쥐야 / 지하도나 육교로 다녀야 해 / 좋은 길은 자동차 차지야
나이가 많아도 미움받나 / 서른 살만 넘어도 구박해~ / 묵을수록 장맛은 최고야
원자재 곡물값 오를 때는 / 제일 먼저 오르는 생필품 / 내릴 때는 나 몰라 패밀리
우리는 불만을 노래해요 / 불만 없는 세상에 살고파 / 노래하는 꾀꼬리 합창단

9. 서울 멋대로 합창단 2기

조직: 희망제작소

단원: 김나래, 김신형, 김윤희, 김이혜연, 김희경, 두수은, 모희정, 박
봉자, 박상현, 박성호, 서은영, 이성은, 이영주, 이주희, 임세
영, 정기연, 정재도, 정준원, 황가혜, 황순영, 황승화

통장잔액은 늘 아슬아슬 안경엔 기름이 번들번들

남들은 파워 블로거 되는데 내 블로그엔 댓글 하나 없네

헬스는 매번 등록만 하고 영어공부는 계획만 하고

생활 방식이 다르다고 해서 내가 이상한 사람은 아니야

엄마 걱정 좀 그만 하세요 아빠 금연 약속은 언제 지켜

하지만 엄마 전화 받으면 왜 만날 바쁜 척을 하는 걸까

판다 분장 말고 스모키 화장을 빅뱅 모른다 뭐라 하지 마요

불만 불만이 없다면 이상해 우리 같이 불만을 노래해요

나이 많은 줄 알았는데 나보다 어려 왜 사람들은 겉만 볼까?

놀아야 국가경쟁력 향상 된다는데 주말은 이틀뿐 (월화토일금토일~)

좋은 공연은 너무 비싸 마음먹고 볼라치면 이미 매진

여자는 약한 척 해야 사랑 받나 남자라고 무쇠팔이냐?

핸드폰 수명은 너무 짧고 커피 한 잔 값은 밥값이야

한동안 연락도 없던 친구 보험맨 되더니 매일 문자

엄마 친구 아들은 못 하는 게 없고 면접 끝나고 나면 대답 생각나

불만 불만이 없다면 이상해 우리 같이 불만을 노래해요

웰빙 과자는 너무너무 비싸 그냥 트랜스지방 먹을 게요
원사이즈 옷은 너무 많아 수선비라도 좀 주시든지
드라마에선 택시 잘 잡는데 내가 손들면 택시 피해가네
막말 개그, 깐죽 개그 넌 재밌니 당하는 사람 하나도 안 웃겨
어린 알바생이라고 반말해 인턴 뽑아 놓고 잡일만 시켜
회사 동료가 날보고 아가씨래 당신은 30년대 태어났니
야근 매일 해도 수당은 없고 마라톤 회의 결과는 똑같고
불만 불만이 없다면 이상해 우리 같이 불만을 노래해요
여름엔 춥고 겨울엔 멀미나는 버스 창문 없는 답답한 고속버스
여자화장실엔 줄이 너무나도 길고 지하철엔 계단 뿐
아줌마 밀지 마 힘들어요 안 내릴 거면서 엉덩이만 들썩
디엠비 이어폰 좀 꼽고 봐요 돈 있으면 지하철 안 타

ARS 대기시간은 길고 서울은 언제나 공사 중이야
서울엔 자동차 너무 많아 반지하 옥탑방도 십자가도
사거리 신호등은 한 번에 안 켜져 매번 두 번씩 기다리게 하지
불만 불만이 없다면 이상해 우리 같이 불만을 노래해요

이스라엘, 하느님이 살인을 용서할까 야생동물 사냥은 이제 그만
대통령 머릿속엔 삽 한 자루 제발 강은 그냥 좀 내버려둬요
집회 할 땐 마스크를 못 써 난 감기에 걸렸는데도
언제쯤 대통령이 바뀌려나 난 솔직히 대통령 좀 창피해요
연봉 8000은 넘어야 중산층이래 나는 88만원 세대인데
최저 임금 높다고 낮추자네 인터넷 의견 달면 감옥가요
힘없는 사람들 자꾸 사라지고 사람 죽었는데 실수라 하네
슬픈 영화보다 뉴스가 더 슬퍼 요즘엔 뉴스 보다가 울지
불만 불만이 없다면 이상해 우리 같이 불만을 노래해요
불만 불만이 없다면 이상해 우리 같이 불만을 노래해요